和谐校园文化建设读本

论中国教育

王春颖 宋颖军/编著

吉林出版集团股份有限公司

吉林教育出版社

图书在版编目(CIP)数据

论中国教育 / 王春颖，宋颖军编著． — 长春：吉林教育出版社，2012.6(2022.10重印)

（和谐校园文化建设读本）

ISBN 978 - 7 - 5383 - 8975 - 3

Ⅰ．①论… Ⅱ．①王… ②宋… Ⅲ．①教育事业－研究－中国 Ⅳ．①G52

中国版本图书馆 CIP 数据核字(2012)第 116081 号

论中国教育
LUN ZHONGGUO JIAOYU

王春颖　宋颖军　编著

策划编辑	刘　军　　潘宏竹		
责任编辑	张　瑜	**装帧设计**	王洪义
出版	吉林出版集团股份有限公司（长春市福祉大路5788号　邮编 130118）		
	吉林教育出版社（长春市同志街 1991 号　邮编　130021）		
发行	吉林教育出版社		
印刷	北京一鑫印务有限责任公司		
开本	710 毫米×1000 毫米　1/16　　**印张** 12.5　　**字数** 158 千字		
版次	2012 年 6 月第 1 版　　**印次** 2022 年 10 月第 2 次印刷		
书号	ISBN 978 - 7 - 5383 - 8975 - 3		
定价	39.80 元		

编 委 会

总 序

千秋基业，教育为本；源浚流畅，本固枝荣。

什么是校园文化？所谓"文化"是人类所创造的精神财富的总和，如文学、艺术、教育、科学等。而"校园文化"是人类所创造的一切精神财富在校园中的集中体现。"和谐校园文化建设"，贵在和谐，重在建设。

建设和谐的校园文化，就是要改变僵化死板的教学模式，要引导学生走出教室，走进自然，了解社会，感悟人生，逐步读懂人生、自然、社会这三本大书。

深化教育改革，加快教育发展，构建和谐校园文化，"路漫漫其修远兮"，奋斗正未有穷期。和谐校园文化建设的研究课题重大，意义重要，内涵丰富，是教育工作的一个永恒主题。和谐校园文化建设的实施方向正确，重点突出，是教育思想的根本转变和教育运行机制的全面更新。

我们出版的这套《和谐校园文化建设读本》，既有理论上的阐释，又有实践中的总结；既有学科领域的有益探索，又有教学管理方面的经验提炼；既有声情并茂的童年感悟；又有惟妙惟肖的机智幽默；既有古代哲人的至理名言，又有现代大师的谆谆教诲；既有自然科学各个领域的有趣知识；又有社会科学各个方面的启迪与感悟。笔触所及，涵盖了家庭教育、学校教育和社会教育的各个侧面以及教育教学工作的各个环节，全书立意深邃，观念新异，内容翔实，切合实际。

我们深信：广大中小学师生经过不平凡的奋斗历程，必将沐浴着时代的春风，吸吮着改革的甘露，认真地总结过去，正确地审视现在，科学地规划未来，以崭新的姿态向和谐校园文化建设的更高目标迈进。

让和谐校园文化之花灿然怒放！

本书编委会

目 录

第一章　中国教育起源

第一节　中国教育简述

中国教育，历史悠久，数千年的教育设施，均反映出其本有文化的特色；仅近百余年来，始改弦更张，模仿西方，兴办迥异从前的新教育。纵观数千年中国教育发展与演变的业绩，约可分为以下几个阶段，而每个阶段又各有其不同的特色，兹分述于下：

一、上古官学时期：三代以前，中国的教育事业完全由政府掌理。据古籍的记载，三代已有颇为完善的学校制度：由中央办理的学校称为国学，由地方办理的学校称为乡学，而国学又有大学与小学之分。教育主要的目的在于明人伦，其内容有所谓的德、行、艺三项。

二、先秦私学时期：东周以后，王官失守，私人讲学之风盛行，官学废而私学兴。春秋战国之世，诸子百家之学，不仅是中国学术思想的黄金时代，在教育理论方面也最有创见；其中又以儒家的孔、孟、荀贡献最多。此外，养士之风盛行，亦足以显示此一时期教育的特色。

三、两汉太学时期：秦虽统一中国，但于教育缺乏积极的建树；必待数十年后，汉武帝立太学、兴教化，中国的教育始再见三代之盛。除此而外，汉武帝又罢黜百家，独尊儒术，对于中国后世的影响，极为深远；而当时经学家的设帐授徒，谨守家法，则犹其余事。

四、魏晋衰落时期：魏晋南北朝数百年之间，教育事业一度大见衰落，然玄风大畅，佛法盛行，亦予中国学术思想以新的刺激，而下开隋唐佛学与宋明理学的先河；于中国教育的推演，并非全无贡献。

五、隋唐科举时期：科举创于隋而盛于唐，历经宋、元、明而成定制，影响于中国的教育逾千年。自兹以降，中国的教育即为科举与学校并峙之局，而竞争之结果，学校每不敌科举，即以唐代学校之盛，号为中古之最，然亦难与科举竞一日之短长。

六、宋明书院时期：宋、元、明三代，虽中央与地方均有官立学校，然书院实为此一时期教育的特色。书院介于官私立之间，人事经费较有独立性。讲学亦有相当的自由，主持以多硕学鸿儒，学生亦较不热衷功名利禄，益以理学家的昌明义理于其间，遂使此一时期中国的教育大放异彩。

七、清代交替时期：清代在中国教育史上是一个新旧交替的时期。在中叶以前，清代的教育设施，一切均是传统旧式的，此后以迄今日，则改弦更张，完全仿效西方，逐步建立并形成一套与过去完全不同的教育设施。

第二节　中国教育的萌芽

在上古的人类社会中，为了不断保持人类的生活与生存，扩展人们获得生活资料的来源，必须把在生产劳动过程中，世世代代积累起来的如何制造工具、使用工具、保护自身、沟通信息等知识与经验传授给新生一代，于是开始产生了教育的萌芽。这种萌芽既有知识和技术方面的内容，也有社会规范和伦理道德方面的内容。《尚书·尧典》是古籍中最早论及教育的著作之一，如："帝曰：契，百姓不亲，五味不逊，汝作司徒，敬敷五教，在宽。"又曰："夔，命汝典乐，教胄子；直而温，宽而栗，刚而无虐，简而无傲。"已经对"教"作了狭义的限制。参照《周礼·地官》，三代文化官吏可知大概："立地官司徒使率其属以掌邦教。……小司徒之职，掌建邦之教法。……乡师之职各掌其治乡之教而听其治。……乡大夫各掌其乡之政教禁令。……州长各掌其州之教治政令之法。……党正各掌其党之政令教政。……司市掌市之治教政刑量度禁令。"《孟子·滕文公上》也有"设庠序学校以教之。庠者，养也；校者，教也；序者，射也"。"夏曰校，殷曰序，周曰庠。学则三代共之，皆所以明人伦也"。《白虎通·辟雍篇》说："古者教民，里皆有师，里中之老有道德者为里右师，其次为左师。"据此可知，狭义的教育和教师概念当时已经存在。古代的帝王已经知道用教育的手段来调节"百姓不亲，五品不逊"的矛盾，而不是只用镇压的方法。至于上文的"教胄子"，后人有不同的解释，有人解释为教育贵族的后裔，如郑玄释"胄子"为"国子",即太子,并包括公卿大夫的子弟等。另一种解释认为,尧时无等级之分,所以无从说是贵族后裔,这"胄"实是"育"的意思(《说文解字》),"胄""育"古音相近,而且相通。清人王引之认为"胄子"即"育子""稚子",可作"未成年"解。同时,段玉裁也说,《尚书》今文本作"育",古文本作"胄",所以,"教胄子"应解释为用文化(包括诗和乐等)去教导青少年一代。

此外,《尚书·皋陶谟》中还记载了舜在治水过程中效法后稷教民播种百谷,并指示大禹对不屈服、顺从的苗民要用德教来开导的事。《盘庚》篇中多次提到了"德"教的问题,在《高宗肜日》中则更进一步提出"敬民"的思想。教育的目的渐渐渗入了维护统治的内容。《尚书》中的"劝"即后来逐渐演化的政治教育和宣传。《吕刑》篇在强调慎用刑法的同时也强调了"德教"。作为刑法,目的不在于树立威信,而在惩一劝百,使民富庶康乐,"典狱,非讫(止)于威,惟讫于富"。而官员们应该教导臣民遵守法令制度,而不至于犯法受罚,教育臣民敬重德行,"士制(止)百姓于刑之中,以教祗德"。而且,文中还进一步论述了"德"与"刑"的关系:"惟敬五行(刑),以成之德,一人有庆(善),兆民赖以之,其宁惟水。"意思是只有严格地遵守法律,才能成就其道德,一人办了好事,亿万臣民都会得到幸福,如此下去,国家就会永远安宁。可以看出,三代的统治者已经很自觉地运用"德""威"两种手法了。从理论上论述这二者的关系,《吕刑》是第一篇。可以肯定,三代以上虽没有独立的学校,但教育受到了足够重视,并且已将其有意识地作为统治的工具来利用了。

从上古到夏、商、周时期,历史的进步已经为教育的发展创造了条件,而且随着历史的发展,人类经历了无数大大小小的文化变迁,教育思想也变得复杂、深刻起来。教育本身的进步往往和人类文明的发展同步,并对文明的进步和历史的延续起着重要的推动作用。

第三节　西周前的教育与《尚书》

《尚书》是我国最早的用文字表述的历史文献,它主要记载从传说中的尧、舜、禹到春秋五霸的秦穆公,前后约两千年的历史,以征檄、文告一类的劝诫文章为多,虽然至今对《尚书》产生的年代和其中个别篇目还有争论,但以《尚书》为先秦以前的文献的看法已为多数学者所肯定。根据《尚书》来研究古代教育是具有一定的参考价值的。由于《尚书》年代久远,经汉、清两代文人的传写、注疏、整理,虽说研读起来方便了一些,但难免有附会、假托之处。所以读《尚书》还必须参照历史文献和文物,根据人类文明发展的一般规律来分析研究,从而探寻关于教育起源和发展的一些问题,以求得正确的认识。

(一)《尚书》中哲学、伦理思想对教育的影响

在《尚书》中保存了一些比较成熟的哲学和伦理思想,而这些思想在后来几千年中一直对教育有着较深广的影响,成为学校教育重要的内容和儒士及众家学者们争论和研究的问题。

首先,是哲学对教育的影响。在生产力和科学水平低下的原始古代社会,人们虽然在劳动中努力探索世界的本质、自然的规律和人与自然界的关系,并且取得了一些成就,但是由于条件的局限,不可能有正确、完备的解释,人们对自然界的风雨雷电、人类社会的征讨杀伐无法理解其中的根本原因,就把一切归诸上帝和神,并以上帝和神作为自然界和人类社会的主宰。早在原始部落时期,各个部落就有自己的"图腾信仰",并产生出最初的宗教,当然这也是最初的教育内容。随着社会、经济的发展,等级的出现和宗法制度的产生,这种原始的宗教也被用来作为维护统治的工具。郭沫若在《中国古代社会研究》中指出,当时统治者"因为自己的愚昧而且同时有意无意地还要愚民,原始人的思想必然是表现而为宗教,或者魔术或者迷信",使教育的内容蒙上了神秘的色彩。根据甲骨出土的情况来看,殷人是很重视天命的。他们不仅每事卜,甚至还要每事多卜。王充的《论衡·卜筮篇》说:"纣至恶之君也,当时灾异繁多,七十卜而皆凶。"人们把自然现象和人类社会联系起来,用"敬天""畏天"来达到维系君权的目的。《尚书·西伯戡黎》说,纣不听祖伊的劝告,不合天意,故遭"天谴"。西周初年,人们开始对神权产生怀疑。在商朝殷纣自称"我生有命在天",认为自己是受上天之命而做天子的,因此可以为所欲为,结果是焚身朝歌,国破人亡。殷人敬天,国反而被灭,与此相关联的一系列问题促使周人进一步思考。在《尚书·多士篇》中,周公在对殷民的训词是强调神权的,把周取代殷说成是天意,但后来在他对子侄谈话时,就着重强调"德",而不再强调"神"了。《多方篇》是周公代表成王发布的对殷人叛乱诸部族的文告,为了从理论上压服对方,几乎通篇都是神学和天命的思想,显然,这时的天命、神学思想已经逐渐成为统治者自觉运用的统治工具。从此之后,利用教育传播统治者的思想、愚弄民众也就成了历代君王看家的本事了。

《尚书》中哲学思想较集中的要算《洪范篇》,它是研究中国古代史,特别是哲学思想史的重要文献。《洪范篇》大约产生于东周初年,是神权、王权动摇的年代。文中不仅提出了一些治国方法——"洪范"九畴①,同时也提出了一些哲学思想和概念,比如最先提出"五行"的概念。当时作者并没有明确地把"五行"看作是物质的五种最基本的存在形式,只是提出了"五行"的名目——水、火、木、金、土,并指出了它们各自的特性。当然,其中已含有一些哲学思考的萌芽,提出从观察和接触中得出对事物的认知和基本的看法。后人根据"行"的古文作"十",很像街衢道路的模样,有通路之意,分析"五行"是五种最基本的物质元素。

《洪范篇》把"五行"看作是上帝创造的物质的五种运动形式或者规律,它说:"鲧堙洪水,汩陈其五行,帝乃震怒……鲧则殛死,(子)禹乃辞兴,天乃赐禹洪范九畴,彝伦攸叙。"就是说,禹父鲧采取堵塞的方法治理洪水,结果违背了上帝所创造的五行相克的规律("汩陈其五行"的"汩"音 gǔ,乃"乱"之义;陈,即"列"的意思;"其"在此代"上帝"),上帝大怒……于是鲧被处死,禹继父治水,得到了成功。后来上帝便把治理国家的九种大法传给了禹,所以禹便掌握了这种使臣民和睦相处的治国安民的常理。"五行"说虽有了哲学思考的色彩,但毕竟非常肤浅,也正是

---

① 参见《尔雅·释诂》,曰:"洪,大也;""范,法也。"即以洪范九畴为治国大法的思想。

因为如此,后来的各家学者都能各执此说,发其一端,从中找出自家可用的思想源泉。

从周朝及春秋产生五行说到汉儒董仲舒把五行神学化,及至宋代的王安石、朱熹,明末的王夫之等都有关于五行学说的研究,甚至还有对《尚书》的研究专著,争论喋喋不休,不断影响着数千年的教学和研究工作。另外,《洪范篇》里的第八条"庶征",即"各种不同的征兆",明显地表现了"天人合一"的思想。而且文中把征兆分为好、坏两种,与人间天子君臣的善恶是紧密联系在一起的,并且宣扬了占卜决疑的方法。从某种意义上说,它对国君、臣民均有约束,是一种无形的威压。汉代的天人合一思想和谶纬神学不能认为与此没有渊源关系。可以说这是董仲舒等"天人感应"说的渊源,对后世思想和民族意识的形成产生了极深刻的影响。

研究表明,对《尚书》尤其是《洪范篇》的评价不可采取形而上学的态度,在当时的情况下,任何世界观和认识论都不可能形成完整的体系,二者是糅合在一起的。另外,在《尚书》中还可以看到一些认识论的概念和思想,如《说命中》有"非知之艰,行之惟艰"的说法,用知易行难的观点来看待统治者管理国家的实践。明清之际的著名思想家、教育家王夫之在《尚书引义》中引用了这句话,认为既然知易行难,就应将困难的放在前边,容易的搁在后头,提出了"行先知后"的行知学说,把"行"在认识论中的作用放在突出的、重要的地位。可以说,把知、行作为一对矛盾的统一体,《尚书》要算是第一例了。知行关系的争论在我国哲学史上一直延续了几千年,是认识论中的关键问题。在《尚书》产生的时代虽不可能对它有深刻的分析和论述,揭示其本质和相互关系,但是仅就知行概念的提出,以及将其明确地看作是认识过程中的两个阶段和两类内容,从而探讨教育和学习的理论等,已是很可贵的了。

其次,是伦理和其他方面思想对教育的影响。在《尚书·尧典》中已经提出了道德伦理方面的概念和思想。如"慎(诚)微(美),五典,五典克(能)从"就是最早见诸典籍的道德思想,也是后来孔孟等执意效法的古代道德。这里的"五典"就是"五常"之法,即"父义、母慈、兄友、弟恭"等(参见《左传·文公十八年》),教导臣民要用"五典"教导和约束自己,如此,就不会有违反统治者利益的事情发生。孟子也曾说:"圣人有(同'又')忧之,使契(音 xiè,相传为殷代的祖先)为司徒,教以人伦。"①当时诸侯的所谓典(主持)"三礼",就是郑玄所说的天事、地事、人事之礼。在当时的祭祀中,已有了官员的排列秩序,这些都是后来的等级制度和繁缛的礼节。如《洪范篇》中提出"无虐茕独,而畏高明"的原则,即不要虐待无依无靠的人,然而,对富贵的人要有敬畏之心。在《顾命(康王之诰)》里详细地描写了成王的葬礼,形象地再现了周初的礼制。从器物、衣着写到酒筵,以及王子和不同等级的公卿贵族车辆的排列,明显地反映了当时森严的等级。结合《周礼》的记载,可以看到上层统治者的伦常道德已经深入到社会文化的每一个角落,它必然对人们的思想起着强大的渗透作用。

此外,像《尧典》中的"诗言志,歌咏言"等提法和主张对文学艺术后来的发展也有积极影响,至今仍可作为我们发展现实主义文学创作传统的座右铭。它揭示了《诗经》里《小雅》《国风》中反映出的诗歌创作的优良传统,后世不少进步学者和作家多以此为标准评品诗赋文章,指导弟子、晚辈的学习。

在《尚书》中,可以看到某些方面的教育已是很细致的。长者、智者不仅要传授具体的知识,而且也指点学习方法,提高学生生活的能力。在《说命中》就有"惟事事乃其有备,有备无患"。教导人们办事要谨慎小心,留有充分的余地。同时,《尚书》诸篇亦多是很好的劝诫、论说文章。在文中许多的论述技巧,可以说是春秋战国时期纵横家的滥觞,有一些是我们今天进行说理教育仍可以引为借鉴的。

(二)《尚书》亦是古代重要教材

《尚书》以记史明道、返朴溯源、言简意赅而闻名于世,很早就受到统治者和学术思想界的重视,被用作学校的基本教材。在统治者看来,《尚

---

① 《孟子·滕文公上》。

书》内容虽十分繁芜，但"足以垂世立教"，示人主以规范，特别是在培养统治者后代的方面能收到良好的效果。在先秦贵族学校的教学内容中，《尚书》占有重要的地位，春秋之际孔子兴办私学，对《尚书》作了删节（"艾夷"和"剪截"），名曰《书经》。自此之后，《尚书》便作为官方和民间教学中必备的基础教材。学生们主要从中学习历史，旁及哲学、伦理、文学及其他，虽历千年而不衰。《尚书》在孔子以前分量是很大的，内容颇多，孔子整理后也有百篇。秦始皇焚书时济南的伏生把《尚书》藏在墙壁中，到汉初时遗失了几十篇，仅存291篇。后来毁孔子宅得古文《尚书》46卷，引起了今古《尚书》的真伪之争，并一直波及近代。《尚书》在作为教材的同时，也成了文人学者研究的对象。人们不仅从中寻觅历史的陈迹，也深入挖掘其他有学术价值的因素，成为老、中、青学者和孩童的重要典籍和读物。同时，《尚书》不仅是汉族文化教材的主要代表，也是我国多民族文化教育中的重要组成部分。魏晋南北朝时北方少数民族建立的拓跋氏王朝就下令祭孔读经，讲习《尚书》。唐以后的辽、金、元各朝虽都是在少数民族统治者的控制之下，但当时对《尚书》仍很推崇，并将其定为官学教材。辽、金、元三朝借鉴隋唐旧制，都实行科举考试，金朝开国之初就在大定四年(1164)命人用女真大小字翻译《尚书》，供本民族子弟学习。元朝自太宗六年(1234)设国子监，以儒经教大臣、王公子弟，延请宋学老儒赵复、冯志常等为师。并在1244年特地诏见冯志常等，命其进讲《尚书》和《孝经》《易经》等。[1] 东汉初期，我国开始对朝鲜的文化教育产生重要影响，许多典籍在此之后被译成朝文，后来又转译成日文和其他语种的文字。公元645年，日本开始革新，此后遣隋使、遣唐使被源源不断地派往我国，文献书籍被大量地翻译了过去。公元701年，随着日本《大宝令》的颁布，成立了类似我国国子监的教育管理机构——大学寮。在他们的教材设置中，《尚书》被明文确定下来，并作为考试入仕的主要内容。据史料记载，公元765年，新罗的惠恭王巡幸大学监（相当于

---

① 参见辽、金、元史及《续文献通考·选举考》。

我国的国子学），便命学者讲述《尚书》。① 明末清初，有一批欧洲传教士来华，为了向西方介绍中国的文明，传教士利玛窦、金尼阁等把中国的儒学典籍译成西文。1626 年，金译《尚书》拉丁文本完成后将其寄回本国。1739 年，法国当时最著名的汉学家宋君荣（1689－1759）又将《尚书》译为法文。到 18 世纪中叶，《尚书》已有拉丁文、意大利文、法文等译本出版，扩大了《尚书》在欧洲的影响，触及了西方思想界。② 就《尚书》本身来说，作为教材是有其特点的，《尚书》中主要是一篇篇独立的短文，出自不同的时期和不同的人物之手，是一部内容广博的文选读本，可以供不同程度的学生采用。另外，《尚书》中虽然文诰居多，但都可以上口，而且还有许多警句、名言，有利于诵读和记忆，对后学是十分有益和方便的。它在我国古代教育史特别是教材建设上是有着相当重要的地位的，给后人留下了不少有益的启示。

(三)《尚书》提到古代的选举和考试

选举自古以来就是社会成员和集团用以调节社会诸矛盾的方法之一。一般来说，选举的结果可以代表大多数人的意志，其中或多或少地带有一些"民主"色彩，而且选举历来和教育有着密切的关系。从原始社会的选举和禅让，到古代社会以来的访贤和举能，以及春秋的选士、汉代的辟举、魏晋的九品中正和隋唐以下的科举，乃至今天的民主选举，等等，都对教育有着直接或间接的影响。

过去有人把选举制度和学校制度统归于教育制度是有一定道理的。选举的标准就是人才合格的标准，可以说也就是教育的目标。在人类进入文明社会后，选举和学校都是为国家政权服务的，统治者中的各阶层都享有受教育和被选举的权利，至于常人的才能则被排在等外。在上古的传说中，汉族祖先的部落首领都是靠选举产生的。在当时情况下，生产力发展水平很低，还没有产生私有观念。到了尧舜的时代，还是处在

---

① 参见田华麟《朝鲜古代教育史》。
② 参见法国学者戴密微《中国汉字研究史》。

母系氏族向父系氏族转型的时期,父权还没有确立,父子还不能相承。①
当时推举贤明、任用能人都是用选举的方法。根据《尚书》和《左传》记
载,尧求访能治水者,"四岳"(四方诸侯之长)皆曰:"鲧可。"可见,鲧的任
用是"四岳"推举的。后来尧求逊位,"四岳"又推举了舜。又传说,昔高
阳氏有八才子,天下谓之"八凯";高举氏亦有八才子,天下谓之"八元"。
舜举八凯主后土,八元布五教。"举贤"已是人们自觉运用的方法,被看
作是无可非议的规定。这样的选贤制度到夏朝已经基本上改变了。后
世虽然有商代的傅说举于版筑之间、胶鬲举于鱼盐之中,春秋有用5张羊
皮换大能人百里奚等纳贤的例子,但毕竟是较为罕见的了。②

　　《尚书》中的《尧典》《皋陶谟》和《禹贡》多记载了尧舜禅让和推举诸
贤的功绩。帝尧已把"克(能)明俊德,以亲九族"作为一条重要的治国原
则。意思是,要治理国家,就应该任用同族中德才兼备的人,使族人都能
亲密地团结起来。在《尚书》诸篇记载的自尧至春秋的材料中,很多地方
都强调了选人和用人的重要。如《皋陶谟》说,治国之要"在知人,在安
民"。舜把皋陶和禹作为股肱,证明了大"贤"不仅要自己聪明能干,更重
要的是会用人、安民。舜还提出了"百僚师师"的口号,让众头领相互取
长补短,尤其要向有文化的"师"学习。这大概也就是最早的法贤思想
吧!《牧誓》是武王伐纣时的誓词,文中罗织纣王的三大罪状之一,就是
纣在用人方面犯了错误,指责他不用同族的兄弟,而用逃犯和奴隶。《召
诰》记载了周公归政成王后,因感到辅佐的人才太少,巩固统治的任务艰
巨,因而发表了一篇议论。《多士》则明确提出要使"俊民甸四方",即要
使有才能的人来治理国家。《君奭》《立政》则用殷周兴盛衰败的历史说
明用人的重要,认为成王继位后政权已稳(平定了武庚和蔡叔等"三监"
的叛乱之后),主要问题就在理政和用人。由于周公、召公二人的努力,
后来出现了历史上有名的"成康之治"。他们把夏、商和周前期的经验概
括为任人唯贤,提出了"三齐""三俊"(在政务、理民、执法三方面选择人

---

①参见郭沫若《中国古代社会研究》,第9页。
②参见《孟子·告子》

才)的主张,并希望成王继承和发展这些传统。特别在《秦誓》中,作者强调了国家的安危全在于用人是否得当,指出嫉妒必然要招来祸患,不能保全和维护子孙后代和臣民的幸福。很明显,"用贤"已经被确定为选举人才唯一正确的标准。随着社会的进步和文明的发展,需要更多的人参加国家的建设和管理,更多饱学之士和有才干者要加入到各种行政、管理和文化、艺术等机构中来,选举也就更普遍了。

"考试",人们总认为是伴随着学校制度的出现而产生的,其实不然,早在帝尧的时代就已经运用了。据《尚书·尧典》记载,尧欲禅让,听说舜虽然地位卑贱,但很聪明,就在辞位之前对舜历试诸难,最后不但非常满意,还将两个女儿嫁给了他。王夫之在《尚书引义·尧舜》中评曰:"古之帝王,顾大位之将有托也,或命相而试以功,或立子而豫以教。立子以嫡而不以贤,立而后教之,古三代崇齿胄之礼。命相以德而不以世,做唐(尧)虞(舜)重百日揆之任。试而命之,以重其礼也;立而教之,以成其德也。安民志者存乎礼,堪大业者存乎德。德其本也,礼其末也。本末具举,则始于无疑,而终于克任矣。试而后命,本先于末,立而后教,末先于本。"简述了试而后命的长处,把试、任、教三者联系在一起讨论得失,这对后人确有一定启发。

通过考试任用人才是后世荐举、科举的渊源。后世儒、墨、法等家尚贤选士,多推崇尧舜时期的举贤和考试,这在诸子文集中是屡屡可见的。它对于汉代选官中的考试,以及隋唐以后的科举等均有着直接的影响。

总之,在《尚书》中已经反映出一定的教育思想、教育现象和与教育有关的一些重要的社会文化因素,是研究教育史必须努力认真考察的内容。因当时教育的特点已经发展成为"政教合一",只是还没有形成独立的体系,现存的资料直接论述教育的又很少,因此,了解上古的教育,必须结合文物考古等方面的成就,不能只局限于现有的书本文字资料。

第二章 西周至战国时期的教育和百家争鸣的教育思想

中国古代教育,自氏族社会末期开始出现学校的萌芽,历夏、商两代的发展,至西周时期,随着当时生产关系的发展和血缘亲子关系的宗法政治制度的建立,学校教育的完整体制日臻形成。西周时期的学校制度,有国学和乡学两类,国学又有大学与小学两级。其中乡学属于社会教化性质,严格地讲它还算不上学校教育范畴,真正的学校教育在国学。而国学专为上层贵族子弟而设,由太师、太保、太傅等教官组成的学官队伍,亦专门为王太子、世子及公卿大臣子弟的教育服务,教习礼、乐、诗、书、数、射、御等文化和技艺,以培养上层统治者的接班人。因此,这种"学在官府"的贵族教育具有严格的等级规定性和与以亲子血缘关系为基础的宗法政治制度紧密相联的世袭制特征,鲜明地反映了当时的生产关系,体现了西周政治制度和血缘亲族制度的原则精神。

西周的学校教育制度,至周幽王时期,随着各种矛盾的空前激化、周王室统治的衰落、"礼崩乐坏"而开始解体。由此,自春秋战国末期,出现了官学没落和私学兴起的现象。专制统治的衰弱为当时形成百家争鸣、新旧交替的革故鼎新局面创造了适宜的环境和条件。在长达四个世纪的社会大改组、大动荡的急遽变革过程中,教育改革思潮相继崛起,在诸子学派教育实践的推动下,高峰迭起,波澜壮阔,荡涤了贵族世袭特权的残余,产生了与新政治体制相适应的新的学校教育体系。

在这一历史时期,推动教育改革的社会动力是多方面的,它包括政治、经济、军事、文化的变革及各种现实需要,新兴统治者的产生与发展,士阶层的崛起和它在历史舞台上所扮演的主导社会变革思潮的角色,民族的融合等。在这一教育改革的历史过程中,私学教育的崛起,以孔子为代表的儒家学派的艰苦而卓有成效的大胆探索,墨家和法家的革新与开拓,稷下学宫诸子学派的学术争鸣和学术交汇等,均对推动教育思想与实践的不断变革起了不可磨灭的作用。

第一节 崛起的私学对"学在官府"的影响

所谓私学,其含义主要包括如下几个方面。首先,它相对于官学而言,是由民间私人创办的一种教育机构,因此在社会变革时代它具有与官学性质相抵触的目的与作用。其次,由于它作为一种教育机构,其教育内容即所谓"学",亦有其独特的内涵和体系。古代的学,与技艺即所谓"术"是结合在一起的,传授学术旨在实用。这样,私学的内涵就有别于官学和其他学派的学术旨趣。历史上称儒、墨、道、法、兵、农、阴阳等学派的学术为私学,亦均含有这个意思。再次,在春秋战国时期,诸侯争霸,虽然诸子百家学术时有被"公家"所采用的现象,但是周王室尽管名存实亡,却仍然被诸侯各国形式上尊奉为中央,这样诸侯各国所遵循或主张的学术,仍然属于"私学",所办的学校也带有浓厚的私学色彩。在这里,所谓私学,在概念上包括上述三个层次,而不是人们习惯上所理解的仅仅囿于诸子百家兴办的教育机构。

私学的兴起,发生在春秋初年周王室的国学教育衰落和诸侯泮宫加强之际。在西周时期,国学为王室所有,并为王室贵族所垄断。虽然学制规定天子设辟雍、诸侯立泮宫,但在西周王室强盛时期,诸侯贵族子弟的教育多在辟雍里进行。[①]《周礼·地官司徒》载:"以三德教国子……凡国之贵游子弟学焉。"汉代郑玄考证:"国子,公卿大夫之子弟。""贵游子弟,王公之子弟。"有关公卿大夫、王公的子弟在国学接受与王子同等教育的事例证明,西周时期的国学教育从本质上来说是贵族教育,尽管王太子与众国子之间存在等级差别。在这种局面下,除国学之外,是没有

---

①参见黄绍箕《中国教育史》(1902年)第35页:"天子畿内,学校林立,而诸侯之国,则必待命而后敢为。故西周诸侯,未闻有以兴学显者。"

私学和私学学派可言的。

　　春秋时期,由于周王室的衰败和国有制的破坏,使其政治上名存实亡,所以作为最高学府的辟雍也销声匿迹。诚如《毛诗·子衿序》云:"乱世则学校不修。"国学教育的衰落,只证明这样一个事实,即周王室的贵族教育开始解体,但作为绵延和开拓文化生命的教育绝不会因此而委顿、停滞,相反,却由主宰社会进步的政治势力根据它的现实需要来建立新的教育模式。在当时,"政逮诸侯"①,诸侯修学的现象开始出现是顺其自然的事。如鲁僖公(前659－前627)"修泮宫"②。又如公元前573年,晋悼公即位后,以"荀家、荀会、栾黡、韩无忌为公族大夫,使训卿之子共俭孝弟"③。在春秋初、中期,由诸侯和王室公室举办的宫廷学校,实质上开始以"私学"的面目出现,或者说它们是我国春秋时期私学的滥觞。

　　诸侯兴学从形式上讲,也是宫廷教育,重在培养自己的接班人。在"天子失官,学在四夷"的动乱格局中,各诸侯要在政治、军事上保持和发展自己的势力,深深感到宫廷教育的竞争是十分重要的环节。因此各诸侯国纷纷仿效周王室的教育体制,设立太子傅教官,以培养、造就太子。如晋文公(前636—前628)请阳处父傅太子灌,灌即后来的晋襄公。④ 晋悼公(前572—前558)听说"羊舌肸(叔向)习于《春秋》,乃召叔向使傅太子彪(平公)"。又如《国语·楚语上》载:"(楚)庄王(前613－前591)使士亹傅太子箴(共王)",并问大臣申叔时如何教育太子。申叔时说:"教之《春秋》,而为之耸善而抑恶焉。"并且在向楚庄王介绍了《春秋》之外的《世》《诗》《礼》《乐》《令》《语》《故志》《训典》等书籍的同时,阐明教授各书的目的,讲述了有关教太子学习这些书的意义在于治国安邦,以为太子不学无术,国家就不会兴旺。从这些现象表明,春秋时期因天子失官,学术下移,诸侯注重宫廷教育,设立太子傅,从而使周王室的国学教育逐步过渡到诸侯的宫廷教育。宫廷教官太子傅多为当时博学的文士,这使得

---

①参见《毛诗·子衿序》。
②参见《毛诗·泮宫序》。
③参见《左传·襄公三十一年》。
④参见《国语·晋语》四。

诸侯贵族与士阶层开始在政教方面结为一体，开启了早期养士的先河。随着诸侯兼并战争发展的需要，由诸侯养士发展到公卿大夫的公室养士是历史的必然。养士之风一旦形成，士阶层势力就必然成为不可轻忽的政治力量。它们在由被利用的地位向主动辅佐诸侯与大夫的历史转换过程中，其中最有效而且可行的办法莫过于教育一途，因为它可以通过培养人才与诸侯合作，又可以通过"强说人"的途径来为诸侯出谋划策和宣传自己的政治主张。早在公元前564年，楚子囊就说晋国的士人重教蔚成风气，"其士竞于教"①。在晋国，不仅设有太子傅，而且设有太子师，又有公族大夫，专司教育。② 不但晋国如此，诸国亦无不有之。因此，私学出现应当首先归因于西周王朝的崩溃和新兴贵族政治势力与士阶层的结合。

政逮诸侯，促使各国诸侯革故鼎新，无论在政治上，还是在经济和文化上，都必须根据各国所处的环境与条件，寻找有效的治国安邦方略和网罗各种人才，以达到富国强兵的目的。在各国注重革新政治的背景下，士阶层的兴起和学术自由的局面才有可能实现。这样，在"士竞于教"的风气推动下，由士开创民间的私学自然也是一种历史的必然产物。

春秋时期的民办私学的出现，在孔子时代已不是个别现象，但规模最大和影响最广的就当首推孔子。孔子继承的西周传统文化精华最为丰富，他培养人才也十分全面，有从政的地方官和诸侯国大臣，也有道德家、文学家、军事家、外交家、教育家等，他造就的七十二贤人大多与当时诸侯及其大臣在政治上采取合作态度，有力地支持了新兴政治势力对社会的大胆改革。孔子主张"有教无类"，广收门徒，主张"学而优则仕"，四处游说诸侯，企望诸侯们采纳他的"仁政"学说，宪章文武，改良维新。当时各国诸侯未能与孔子合作，有的是不能接受孔子的主张，而有的能够接受其主张却又害怕孔子及其弟子的政治才能。如楚昭王准备以书社地七百里封孔子，然楚令尹子西劝昭王道："王之使使诸侯，有如子贡者

①参见《左传·襄公元年》。
②如《大戴礼记》云："傅，傅其德义；师，导之教训。"

乎？""王之辅相，有如颜回者乎？""王子将率，有如子路者乎？""王之官尹，有如宰予者乎？""且楚之祖封于周，号为子男五十里，今孔丘述三王之法，明周昭之业，王若用之，则楚安得世世堂堂方数千里乎？夫文王在丰，武王在镐，百里之君，卒王天下。今孔丘得据土壤，贤弟子为佐，非楚之福也。"昭王乃止。① 由此可见，孔子创办私学，培养大批治国贤能之士，他们所形成的绝非是一个纯学术集团，而是一支十分强大的社会革新势力。这支势力对于新旧杂陈且实际比较脆弱的诸侯政治集团来说，无疑具有一种潜在的威胁。客观上，春秋时期的私学及其由私学形成的学派，它们从开始就不单是一种文化或教育流派，而是一种顺应时代潮流应运而生的一方面士阶层势力的代表。尽管这种民间私学与诸侯举办的宫廷教育式的地方诸侯之学，都是在为诸侯国造就治国安邦的人才，但民间私学所造就的人才群体是游离于诸侯统治之外的，它既可能成为诸侯政治集团的合作者，也可能成为一种危险的异己力量。这就使得孔子及其门徒尽管东跑西奔，也未能发挥他们应有的作用。

如果说孔子时代的私学对诸侯的宫廷教育未能发生根本性的冲击，则在春秋末期的情形就大有改观。这一时期，士不再是由各诸侯公室所养畜，而且士的成分也不再是贵族和逃亡贵族的子弟。这是因为私门作为一种公室的对应势力普遍上升，私门与公室的斗争，给予士以广阔的政治舞台。他们有的寄食公室，有的寄托私门，如鲁国"季孙养孔子之徒，所朝服而与坐者以十数"，②可见私门养士之风大盛。至战国时代，公室如鲁穆公、魏文侯、齐威王、齐宣王、梁惠王、燕昭王等都曾有一段时期成为文士的集中保护者。而私门如孟尝君、春申君、平原君、信陵君及秦吕不韦，也动辄是食客三千。公室和私门在养士和利用士上的人才竞争，在客观上有力地推动了私学的发展和私学学派的繁荣，它一方面促进了私学和私学学派的壮大，一方面士阶层作为相对独立的政治力量的社会作用也充分发挥出来。在这种情况下，由民间举办的私学真正从根

---

① 参见《史记·孔子世家》。
② 参见《韩非子·外储说右上》。

本上动摇了王室和公室支持的宫廷教育的基础，形成了由诸子百家私学控制教育局面的格局和"百家争鸣"的学术繁荣局面。

继孔子之后，是大办私学的墨子。墨子曾"学儒者之业，受孔子之术"①，可能是孔子再传弟子的门人。墨子适应社会士阶层势力发展的潮流和各诸侯王国封建化的需要，首创中央集权的专制理论体系，自立门户，创立了墨家学派。据《吕氏春秋·当染》载："孔墨之后学显荣于天下者众矣，不可胜数。"至战国时期，私学昌盛，学派林立，儒、墨、道、法、名、农、兵、阴阳诸家都有私学，"从师"遂成一时风气。《韩非子·外储说左上》载："中章胥已仕，而中牟之民弃田圃而随文学者邑之半。"可见私学在民间影响之大。又如孟子"后车数十乘，从者数百人，以传食于诸侯"②。道家"田骈在齐，资养千钟，徒百人"③，宋钘、尹文亦"聚人徒，立师学"④。农家许行有徒数十人之众。"杨朱、墨翟之言盈天下"，可想当时道、墨诸家门徒之广。这股强大的私学教育思潮，涵盖了各诸侯列国，有力地促进了文化和教育的下移，以势不可当的洪流荡涤着长期以来王公贵族垄断教育的"学在官府"的传统做法，并以较强大的气势使各诸侯的宫廷教育退居较次要的地位，使学校教育从"政教合一"的枷锁中挣脱出来，并在私学不断发展的过程中迈出了学校教育独立化的关键一步。

私学的崛起和繁荣，不仅使学校教育与自然形态教育分离，而且私学作为独立的文化教育机构的出现，也在教学内容上相对于原来王室的贵族教育和公室的宫廷教育的教学内容，发生了重大变革。

夏、商、西周的教育内容，有着相承相因的关系。礼、乐、身、御、书、数六艺，作为训练贵族子弟的教育内容为三代所共同实施，只是到西周日臻完善。在春秋战国时期涌现了大批的政治改革家、理财家、军事家、思想家、外交家、教育家、科学家等，都有力地证明了私学教育在教学内容上的改革成就。即使在道德教育方面，其教学内容也对西周的礼乐之

---

① 参见《淮南子·要略》。
② 参见《孟子·滕文公下》。
③ 参见《战国策·齐策四》。
④ 参见《荀子·正论》。

教进行了重大革新。如孔子突出"德行",孟子注重"舍生取义",荀子强调"德操",都不是西周时期徒具礼表的外在形式和一味的恭亲孝顺。道家视礼乐为戕害人性之物;墨家主张无等级差别的"爱人";农家更为激烈,要求打破社会体脑分工的界限,自天子至庶民都必须自食其力,公开地向贵族统治者的压制提出挑战,反映了我国古代早期农民的平等思想;法家更加仇视传统礼教,要求自王公大臣到平民百姓概以军功、农耕来重新调整人们的社会地位,大胆否定贵族的世袭特权;等等。所有这些,在理论和实际上无疑是对"学在官府"时的德育内容及其德育原则,作了无情的批判与否定。

　　春秋战国时期的私学崛起,在中国古代教育史上是规模最大、历时最久、影响最深远的教育改革。总之,它不仅在形式上打破了"学在官府"的传统教育模式,而且以极大的冲击力摧毁了贵族世袭的教育特权,使文化教育真正下移到民间,同时它开拓和丰富了教育内容,改变了教育的性质和职能,在改革中完成了新旧社会及教育的过渡。

第二节　早期的教育政策和制度

　　西周是继夏商而建立的高度发展的第三代王朝,实行较为健全、完善的宗法制度。在国家进行社会管理、伦理建设、文教发展、科学进步等方面都摸索出了比较成熟的经验,虽仍以农业经济为主,但手工业、商业等亦有长足的进步。在相当长的一段时间里,王朝是稳定发展的,是秦汉以前最为强大和完善的古代社会。在农业、手工业发展的基础上,文化也有极大发展,不论在科学、艺术、文学各方面,都比以前有显著的成就。农业方面已用铜、铁等金属作重要农具,已知采用轮流休耕和"除草""壅土""深耕""宽垄"的种植方法,同时也知道辨别土性及培土栽种的方法。在天文、数学上已知采用二十八宿法来观测日月的运行,测定太阳在二十八宿中的位置,以定一年的季节。周初,数学家商高即知利用立竿测定日影,再用勾股法来推算日高的方法,对日蚀、月蚀已有了记载。在手工艺方面,已发明纺织机,并能进一步染色。在美术工艺方面,玉器和金属器皿上的雕刻,都有显著的进步,如在《诗经·渭阳篇》中记载有"琼瑶玉杯",以及后来出土的周代的雕刻和彩绘都有较高的工艺价值。在文学方面,比较商朝也有很大的进步。从出土的鼎铭等金文及《尚书》《周书》各篇所记载的文字来看,当时已有长篇记事体的散文,而《诗经》三百篇又是多种体例的优美的抒情诗歌。由于当时的社会建筑在家庭基础上,所以宗法制度仍是其政权的根本,强调君臣、尊卑、上下之分,父子、长幼、亲疏之别。当时的一切政教法令,都是用以维持统治秩序的,并依此对教育提出根本要求,制定道德规范,以此来束缚和教化民众。

为了使教育政策符合国家政策,统治者提出以"明人伦"作为教育的目的,把"父子、君臣、夫妇、兄弟、朋友"的五伦作为构成人类社会的重要元素。教育政策即规定以"明人伦"作为教育目的,则教育内容也必然与它相配合,以礼乐、诗歌作为主要内容。周代虽继承夏商,重视礼乐教,但夏商两代偏重于祭祀方面,还不能脱离"事神致福"的宗教范围,到了周代,礼乐的作用由宗教意义逐渐变为伦理和政治上的意义。所谓"乐所以修内,礼所以修外","移风易俗,莫善于乐;安上治民,莫善于礼",即是证明。除了礼之外,再配之以诗书,所以周代教育的主要内容即礼乐诗书。

为了要保证统治政策的推行,逐渐形成了政教不分、官师合一的制度。如《礼记·王制》所载:"乐正崇四术,立四教,顺先王诗书礼乐以造士。"又曰:"将出学,小胥、大胥、小乐正简不师教者以告于大乐正。"这里的小胥、大胥、乐正等是当时的乐官,也是国学中的教师。至于乡学的教师,据《尚书·大传略》说:"大夫七十而致仕,老于乡里,大夫为父师,士为少师。"可见当时学校中的教师,或由现任的官吏兼任,或为退休大夫充当,其目的在于易于推行统治者的意愿和教育政策,也说明作为教师的职业当时还没有完全从官吏中分化独立出来。

"国学"依学生入学年龄与程度的高下,分为大学与小学两级。小学设在王宫南之左,大学设在国都的南郊,由中央直接管理,故可视为中央学校。据《礼记·王制》所载:"天子命之教,然后为学,小学在公宫南之左,大学在郊,天子曰辟雍,诸侯曰泮宫。"可知天子与诸侯所设的大学,名称亦各异。

天子所设的大学,规模较大,分为五学。中间的曰辟雍,又称"太学",周围环之以水,为天子举行乡射及自学之所,承师问道必在此。此外四学兼用四代之制,分设四周,水南曰"成均",取五帝学之名,大司乐教、乐德、乐语、乐舞者居之。水北曰"上庠",取虞学之名,典书、诏书是居之。水东曰"东胶",取夏学之制,亦曰"东序",学士戈羽仑者居之。水西曰"西雍",取殷学之制,亦曰"瞽宗",学礼者居之。以四学与"辟雍"合言,则为"五学"。以五学言,则"辟雍"为尊,故大学统称曰"辟雍"。以四学言,则"成均"为尊,后儒所谓"四学""五学"之说,都由此而起。又据《大戴礼记》亦载有天子五学之制:"帝入东学,上亲而贵仁。入西学,上贤而贵德。入南学,上齿而贵信。入北学,上贵而尊爵。入太学,承师而问道。"可见周制天子的大学,设有五学,似尚可信。至诸侯所设的大学,规模比较简单,仅有一学,因半环以水,故称"泮宫",这也正反映出当时教育制度森严的等级性。

周代乡学主要按照地方行政区域而定。规模比较小,仅设一级。但因地方区域大小不同,故所设立的乡学也有不同的名称,如塾、庠、序、校等。塾中子弟的优秀者,可升入乡而学于庠、序;庠、序中优秀者可升入国学而学于太学。据《孟子·滕文公上》载:"设庠序学校以教之。庠者,养也;校者,教也;序者,射也。夏曰校,殷曰序,周曰庠,学则三代共之,皆所以明人伦也。""学"则指国学,"校""庠","序"即乡学。周代"国学"兼用四代之制,"乡学"亦分别采用校、序、庠等名称。又据《礼记·学记》所载:"古之教者,家有塾,党有庠,术有序,国有学。"此所记塾、庠、序等乡学,是依照地方区域组织制度而言的。依据《周礼·地官》所载:当时周制都城以外百里以内的地区名曰"乡",百里以外的地区名曰"遂"。"乡"的组织,六乡之内,以"五家为比,五比为闾,四闾为族,五族为党,五党为州,五州为乡"。遂的组织,六遂之内,以"五家为邻,五邻为里,四里为酂,五酂为鄙,五鄙为县,五县为遂"。可知"乡""遂"的地方组织均以家为基本单位,故与"乡""遂"同级的区域,均各有相同的家数。可见周代乡学中的"塾""庠""序"等,均固定设立于"乡""遂"组织中一定的区域内。

周代的教育是等级鲜明的,刘敞说:"古之乡学教庶人,国学教国子;乡学所升不过用为乡遂之吏,国学所升则命为朝廷之官,此乡学国学教选之异,所以为世家编户之制。"说明周代乡学与国学所施的教育,有明确的等级之分。值得注意的是,当时六乡中的庶民虽不能都升入国学,但毕竟还有庠、序等乡学和选拔优秀者移入国学的制度,使他们得有学习深造的机会,教育的作用在一定程度上得到了承认。

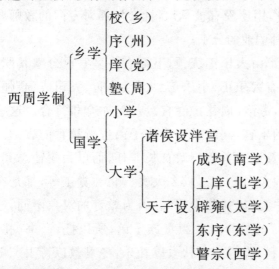

"国学"的修业年限,古籍并无明文记载,但根据小学入学年龄与大学年龄推算,小学当为七年,大学当为九年,大约十六年。"国学"的学生,大多数为贵族子弟,如王太子、王子、群后之长子、乡大夫元士之孙子。入学年龄,因学生身份不同,有先后的差别。据《大戴记·保傅》云:"古者年八岁而出就外舍,学小艺焉,履小节焉。束发而就大学,学大艺焉,履大节焉。"《白虎通》曰:"八岁入小学,十五岁入大学,此大学之礼。"这是指王太子的入学而言,至公卿的长子、大夫元士的嫡子,则为三岁入小学,二十岁入大学,这是指世子入学而言。至余子(包括大夫元士妾所生之子)则为十五岁入小学,十八岁入大学。入学年龄所以有如此差别,是由于宗法等级制限制,认为公卿以下的子弟,未便即入天子之学,应先学于家塾,直到十三岁,才入师氏所掌教的小学,而天子的太子在八岁时便可直入小学。西周教育制度是政教不分、官师合一的,学校教师由官吏兼任。当时,由于典章文物悉掌之于官,如典、谟、训、诰、礼制、典章,都藏于秘府,有专官执掌,士之欲学者,必就典乐之官而习之。因之民间无书,而书被官方垄断,民间无器而惟官有器,学术既专为官有,故教育非官莫属,有官斯有学,有官斯有习,官守学习,皆出于一,这是官师不分的重要原因之一。又据《礼记·文王世子》所载:"春育夏弦,太师诏之;瞽宗秋学礼,执礼者诏之;冬读书,典书者诏之。礼在瞽宗,书在上庠。"教育的发展还在初级阶段,学校规模仅限于官府,教师的独立作用还没有被承认,社会发展对专门的教师职业缺少需求,没有明确的教师职业的分工。

周代"国学"的教师,都由大乐正统领,下面有许多官员分掌其职,据《礼记·文王世子》所载,有大乐正、小乐正、大胥、小胥、大司成、仑师、仑师丞、太傅、师氏、保氏等,考诸《周礼·春官》所述,亦全相符合。这些官员大部分都是当时正式的乐官,同时是对贵族子弟进行教育的教师。至"乡学"的教官,都由中央及地方各级行政首长兼任,而以大司徒总其成,所以《周礼·地官》所载的大司徒、乡师、乡大夫、州长、党正等,都是在地方"乡学"教学的教师。称为"父师""少师"。因为教育的对象不同,教育内容也随之而异。"国学"的教育对象为贵族子弟,所以把诗、书、礼、乐列为四教。即《礼记·王制》所谓:"春秋教以礼乐,冬夏教以诗书。"随着社会的进步,教育内容的范围也日趋扩大而涉及诸方面。据《周礼》所载,除大司乐教国子以"乐德""乐语""乐舞"以外,还有"师氏以德教国子;一曰至德以道本;二曰敏德以行本;三曰孝德以知逆恶。教三行:一曰教行以亲父母;二曰友行以尊贤良;三曰顺行以事师长"。又"保氏养国子以道,乃教之六艺:一曰五记,二曰六乐,三曰五射,四曰五驭,五曰六书,六曰九数。乃教之仪:一曰祭礼之容,二曰宾客之容,三曰朝廷之容,四曰丧祀之容,五曰军旅之容,六曰车马之容"。可见西周"国学"的教育内容,已包括德、行、艺、仪等四方面,而以礼、乐、射、御、书、数等六艺为基本内容。在大学以诗、书、礼、乐为重点;在小学以书、数为重点,而射、御的学习,除了传授和培养有关的知识、技能外,还着重以礼、乐之教相配合。"乡学"的教育内容,没有"国学"所记的详细。依《王制》说:"司徒修六礼以节民性,明七教以兴民德,齐八政以防淫,一道德以同俗。"所谓六礼,即"冠、婚、丧、祭、养、相见",七教即"父子、兄弟、夫妇、君臣、长幼、朋友、宾客",八政即"饮食、衣服、事为、异别、度、量、数、制"。

依《周礼》说，大司徒以乡三物教万民："一曰六德，谓知、仁、圣、义、忠、和；二曰六行，谓孝、友、睦、姻、任、恤；三曰六艺，谓礼、乐、射、御、书、数。"在六艺之中，侧重礼、乐，故特别提出"要以五礼防万民之伪而教之中，以六乐防万民之情而教之和"。"乡学"教育的主要内容为"乡三物"，即德、行、艺三事，较之"国学"则缺少"六仪"一大类。

西周"国学"中的大学，订有分年定期考查制度，据《礼记·学记》所载，学生每年入学，每隔一年，必须考查他们的学业成绩。第一年，考查他们是否能分析经义，辨别志愿而决定学习趋向。第三年，考查他们是否能专心致志地学习，并与同学互相切磋、研讨。第五年，考查他们能否研讨学业的得失与识别他人的贤否，并选择其善者而与之友。在这阶段内，他们如果能达到标准，叫做"小成"。到了第九年，就考查他们能否做到推理论事，触类旁通，是否有坚定不移的志愿而不再有违反师长教诲的地方。在这阶段内，如果能达到标准，就叫做"大成"。照这样在大学中考查学生成绩的标准与步骤，可谓相当完备。到了九年在学业结束将出学校的时候，所有教官如小胥、大胥、小乐正检查学生中如有不受教育者报告于大乐正，大乐正报告于王，王就命三公、九卿、大夫、元士都入学，将他们摒弃移送至远方，终身不齿。

"乡学"的考查奖励方法是乡大夫就乡学中有德行道艺者，提名报名于司徒，称选士。司徒就选士中的优秀者升入"国学"中的大学，称俊士。凡已提名于司徒的选士，可免一乡的劳役，凡升入大学的俊士，可免一国的劳役。这种选士与俊士，皆称造士。造士入大学九年学成后，大乐正再可就造士中的优秀者报告于王而提名于司马，称进士。司马就进士中择其贤能者报告于王，视其才能的高下而任之以官职，与之以禄。而惩罚是先由司待命乡大夫检查乡学中有不遵从教师者报告于上，司徒就令乡中耆老集合于乡学中行习射和乡饮酒等礼节以感化之。如果他们不改变，乃令右乡的乡学中不受教育，转移至左乡的乡学中，左乡亦如之。如是互相转移其居处，仍举行习射和乡饮酒之礼如初，如再不改变，送至乡外之遂，如初礼，仍不变，乃摒弃之于远方，终身不齿。管理是严格的。

此外，西周继续三代学校养老抚幼的传统，对养老制度亦极为重视。

所不同的是将养老与视学同时并举,每年天子亲身视学,同时即举行养老的典礼。据《王制》所载,凡有德有位者曰国老,有德无位者曰庶老。西周以前,国老则养于大学,庶老则养于小学。到了周代,又按其年龄而有区别,凡年满50岁则养于乡遂之大学,年满60岁的则养于国学中的小学,年满70岁的则养于国学中的大学。这种养老制度,自天子以至诸侯,都是相同的。不过一国的长老,由诸侯致养,若是天下的长老,则由天子致养。

西周天子的视学制度极为严密,在视察之前,必举行隆重的典礼。在一年之中,天子必亲往学校视察达四次之多。开始视学的清晨,先击鼓以集合大众,众至然后天子至,先行奠祭先圣先师之礼。视学既毕,明日举行养老典礼,凡天子、三公、九卿、诸侯、大夫都应出席,先设奠以祭先老,然后肆筵设席举行盛大的宴会,请三老、五更及一般群众上升,各就其相当的席次,由主人献酢致酒,作乐歌诗,舞文舞武,对一般耆老祝福献寿。同时即席举行"乞言""合语"之礼,向耆老乞求善言的可行的作为表率,而本酬酢之际,彼此谈论父子、君臣、长幼之道,以兴观感。所以这种养老制度固然是统治者表示"尊年敬德"的美德,以此来笼络人心;同时又可借"乞言修治"来推行孝悌之道以维系其统治,并使青少年在无形中得到潜移默化的影响。这些耆老,既是齿德俱尊,且生活和文化经验极丰富,把他们养在学校里,对于启迪后进和传播传统文化,是具有重要作用的。这都是当时统治者为维护其利益而采用的重要教育措施和一种经常性的礼仪制度。久而久之,这类礼节和制度就会渗透到世人的内在精神中,变成认同,成为"合理"的存在。

第三节　稷下学宫

春秋战国时期,诸侯各国争相养士和鼓励私学。由于私学的昌盛,加之政治、经济、军事、地理环境以及文化传统诸因素的影响,百家争鸣日久,遂形成邹鲁文化、荆楚文化、三晋文化、燕齐文化等四大文化类型。其中邹鲁文化对西周文化传统继承最多,尤其是鲁文化对西周的宗法制度采取肯定和维护的态度,成为儒家的发祥地。荆楚文化发生在江汉流域,受西周文化传统影响较小,有自己独特的风格,《楚辞》和老庄的道家思想对中原文化基本上持批判态度。三晋包括韩、赵、魏一带，处于四战之地，地理条件不如邻边大国，缺乏天然屏障和回旋余地，因此在激烈的自下而上的竞争中，需要进行国内的政治改革、练兵、储粮，国际交往方面更需要审时度势，利用矛盾，所以三晋文化最为活跃，法家、纵横家、兵家等群起，对西周传统文化冲击最强烈。秦国地接三晋，受三晋文化影响最深。燕齐文化对西周传统文化采取半保留半否定的态度，主张礼治与法治的统一。同时由于国力强盛，回旋余地大，又有三晋作为西方的天然屏障，所以它最有精力和条件发展文化与教育，成为诸子百家最理想的寄托和依靠的文化区域。

春秋战国时期，各列国诸侯竞相养士，时尚养士之风，实因得士者昌。士阶层的崛起，成为推动列国政治改革以及军事、外交等适时应变以争霸天下的重要因素。齐桓公首霸诸侯时国力尚称强大，至田齐时代的齐国，经济繁荣，颇负盛名。据史载齐国农业之富，"粟如丘山"；鱼盐之利，"通输海内"；实业之学，"冠带衣履天下"。齐都临淄人口众多，为当时最大城市之一。有如此丰厚的社会物质和人才条件，齐国统治者更是雄心勃勃，如齐威王时以黄帝苗裔自命，志在朝问诸侯，统一中原，一方面实行富国强兵的政策，壮大自己的国力，另一方面在文化教育上采取开放政策，广揽天下的学术人才，尤其是诸子百家的学术领袖人物，殊加优待礼遇。凡来齐国的学者，齐王多亲自召见，或俟机晋见，通过多种途径多方面了解他们的学术水平、社会名望、徒众多寡等，授予不同的官职或称号。学者中有的被尊为"上卿"和"客卿"，有的列第为"上大夫"或"大夫"，也有的被尊称为"博士"。齐国统治者采取广揽人才的礼贤下士的政策之后，各地学者携带门徒，纷至沓来，聚会于齐都。齐国为了安置他们，独辟学宫。据《史记索引》虞喜云："齐有稷山，立馆其下，以待游士。"又据刘向《别录》云："齐有稷下，齐之城西门也。外有学宫，即齐宣王所立学宫也。故称为稷下之学。"稷下学宫设立之后，诸子百家相率群徒讲学于兹，如淳于髡诸弟子3000人，孟子的学生数百人，田骈有徒百人，其他学派名师的门徒多至数千，少者也有数百数十人。稷下学宫自作为"以待游士"的储材基地，到后来由于学者云集，学术的交流和竞争频繁，加之对士众的管理和训导之必要,则日渐转质为养士和育士的官办学府。

稷下学宫的历史,据有关专家考证,大约经历了齐桓公、威王、宣王、湣王、襄王、王建六代,约150年。在如此长的时期里,稷下学宫由于讲学实践的需要,日渐形成了许多规章制度,其规模也不断扩大,逐渐形成了直接由齐国政权控制下的,并直接服务于齐国政治和学术需要的有组织的学派荟萃中心。在稷下学宫里,除了各学派领袖组织他们相对独立的学派学术研究与教学之外,各学派之间也进行频繁的学术争鸣和交流等活动。为了有领导、有组织地举行一些较大的学术活动,往往由大家公认的学术领袖充任"祭酒"来组织和掌管,如战国末期的著名学者荀子,就曾在稷下学宫"三为祭酒"。在这里,学术争鸣是研究性质的,各学派之间在学术上都有自己的地位,如宋钘、尹文师徒"率其群徒,辩其谈说"[1]。为了加强这类学术争鸣与教学的管理,稷下学宫逐渐形成了一套管理学生的制度和条例。如《弟子职》就是一个例证。《弟子职》不仅是稷下学宫的学生守则,而且也是我国教育史上第一个寄宿学校的学生管理条例,它为后世的官学、私学和书院制订学则、学范等提供了标本,其中所倡导的师道尊严以及课堂纪律规定和课后学生间的相互切磋等内容,对后世教学礼仪等有深远的影响。

稷下学宫的出现,在中国教育史上可以说是一次重大的教育实践改革。首先,我们可以看出这样一个明显的特质,即由官方举办的养士机构开始向育士性质的学校转变,它使春秋以后的士流由庞杂状态逐渐过渡到以文士为中心的局面。稷下学宫作为学术文化教育机关,为文士提供了寄生和发展的场所,文士势力得以统一并直接服务于诸侯王国的争霸,其作用与影响大大地超过了当时的武士和那些所谓"鸡鸣狗盗之徒"的杂士,这为文士登上政治舞台直接干预国家政治提供了历史机遇。如齐宣王时,政治比较清明,内政修齐,国力雄厚,曾大败魏于马陵,威震诸侯,以至三晋朝齐,后又出兵伐燕,仅用50天时间就攻入燕都。这些成绩自然与稷下学宫学者多有关系。《盐铁论·论儒》载:"齐宣王褒儒尊学,

---

[1]《荀子·正论》。

孟轲、淳于髡之徒，受上大夫之禄，不任职而论国事，盖齐稷下先生，千有余人。"稷下学宫作为教育机关养育人才，服务于国家政治，为王者出谋划策，使原来的政教合一的养士、育士变为相对独立的服务于政治的储材养育文士机关，从而使教育游离于政治机关，学者亦"不任职而论国事"。这种政教分离与职能变化，不仅是对商周以来的"学官合一""政教合一"传统的变革，而且对我国先秦社会的官学与国家政治关系的确立初创了一定的格局。

其次，稷下学宫作为国家教育机关，它不仅有养士的作用，而且对于战国时期的百家争鸣和各家各派私学的融合与统一起了重要作用。自春秋时期孔子首创私学以来，私学与私人教育主要在民间，尽管孔子游说诸侯，争取诸侯统治者采取他的学说主张，而且他主张"学而优则仕"，企图通过儒士参与国家政治来改变封建世袭，但是私学和私人教育各执一端，一家之言很难为一国统治者采纳。孔子以后百家蜂起，学派林立，诸子竞相游说诸侯，但其诸侯多用士而鲜纳其说，故一家一派学说时兴时衰，士人亦颠沛流离，朝秦暮楚。齐国首创稷下学宫，荟萃百家，纳细流于巨川，取百家之长，兼容并包，从而使各派的私学主张和私学教育直接服务于国家政治。与其说稷下学宫是战国时期百家争鸣的园地，毋宁说它是私学发展到鼎盛时期由民间转向官方、由成熟趋归融合并开始服务于大一统政权的学术建设基地。稷下学宫由养士转化为育士，但士者只是"不任职而论国事"，即使像荀卿这样"三为祭酒""最为老师"的硕学鸿儒，也不过是位列"客卿"，不受重用。这说明齐国统治者创办稷下学宫的目的在用其学说之长，因此综罗百家学术，使之熔铸于一炉，成为稷下学宫教学与研究的主要任务。稷下学宫的重要代表作《管子》一书是一种杂烩，早就成为学者间的公论了。那不仅不是管仲亲自作的书，而且"非作于一人，也非作于一时"[1]。经许多学者考证，《管子》一书不仅收集了管子的著作，而且诸如法家、儒家、道家、阴阳家、兵家、农家、纵横家等代表人物的著作或言论，均有收集，而且各家的著作或言论多有相互

---

① 参见郭沫若《青铜时代·宋钘尹文遗著考》。

吸收的现象,无论在政治观点、道德思想、经济思想、社会主张、文化教育以及哲学理论诸方面,既有庞杂零碎的特点,又有趋归融合的学术趋向,其主旨均在为建立大一统的王道统治出谋划策,表现出明显的私学向官学转化的迹象。《管子》一书所展示的外儒内法和揉之以道及诸杂家的学术特征,为中国古代社会政治思想奠定了基础,也揭示了中国传统文化与教育的基本走向。

稷下学宫作为战国时期教育与学术的中心,既弘扬了西周官学的办学传统,又综合发展了春秋战国时期私学的长处。概括起来,具有以下几个特点。

第一,养育合一,师道尊严。春秋末期,政逮诸侯大夫、执政大夫为了巩固与发展自己的地位,大兴养士之风。齐国的田成子在执政的时期节衣缩食,豢养了大批的士人,后来为他篡权夺国发挥了重要作用。田氏代齐以后,历代齐王亦更加注重与列国竞争养士,《史记·孟子荀卿列传》载:当时"鉴天下诸侯宾客,言齐能天下贤士也"。齐国设立稷下学宫招揽天下贤士,一方面给予优厚生活待遇,使之得以安养,另一方面统治者注重师道尊严,发挥稷下先生们的"智囊团"作用,让他们议论国事,出谋划策。与此同时,为了使稷下学宫游离于政治,或者说与国家政治保持一定的距离,故在养士的基础上使之变成主要是育士的机关。从养士方面讲,齐国统治者优待稷下先生,如对号称"稷下之冠"的淳于髡封为"上卿",对孟子和荀子也列为卿,至于被列为上大夫和大夫的学者则大有人在。如齐宣王时,"邹衍、淳于髡、田骈、接予、慎到、环渊之徒七十六人皆赐列第,为上大夫"[1]。被列为大夫和学士者也有"数百千人"[2]。据《史记·孟子荀卿列传》载:在齐凡列为大夫者,皆"为开第康庄之衢,高门大屋,尊庞之"。师贵徒荣,老师被尊崇。学生的待遇亦由教师的身份而定。田骈被列为上大夫,"资养千钟,徒百人"。孟子出门时,"后四十乘,从者数百人"。当孟子要离开齐国的时候,齐王竟以"养弟子以万

---

①②《史记·田敬仲完世家》。

种"①为挽留条件。再如备受尊宠的淳于髡,曾被立为"上卿,赐以千金,革车百乘,与平诸侯之事"②。稷下先生的封号都不算为正式官职,只是虚衔,他们不对国家负任何实质性的政治责任,但他们享受如此丰厚的物质待遇,关键在于他们作为一个学派的代表人物和稷下学宫的教师,以及他们的学说受到统治者的尊崇。稷下先生也因为得到优厚的生活待遇,安心在稷下学宫授徒讲学,为齐国培育人才。齐国统治者对稷下学宫实行养士、育士合一和尊师重道的政策,不仅是巩固与发展稷下之学的措施,而且也形成了稷下学宫的特色。

第二,学术自由,兼容并包。稷下学宫是各家各派私学荟萃的中心,因此诸子私学构成了稷下之学的学术自由、兼容并包的特色。学术自由与各家私学的地位平等以及齐国统治者对各家学说不带有明显的倾向性有关。齐威王在位期间,采纳了淳于髡和邹忌的建议,励精图治,褒即墨大夫,烹东阿大夫,进行政治改革,加强集权统治,并广开言路,明令国人和稷下师生:"能面刺寡人之过者,受上赏;上书谏寡人之过者,受中赏;能谤讥于市朝,闻寡人之耳者,受下赏。"③齐威王在治国方面尽管更多地尊奉管子的主张,但他在文化教育上实行开放政策,不独尊一家一派,而是兼容并包,百家争鸣,择善而用。稷下学宫容纳各家私学,客观上也不可能存在门户之见,因为各家私学的优劣好坏,不取决于学者之间的价值评价,而是以服务于国家政治需要为目的。学者之间可以各持己见,互相辩论,相互批评,相互吸收,所以稷下学宫的学者时有出现"学无所主"的现象。如宋钘、尹文之辈,本是墨家学派的弟子,但在稷下学宫接受了道家思想。又如田巴是先生,属名家,其后弃文就武转为兵家。稷下学生由于在学宫能够接受各派思想的影响,不囿于听自己教师的课,他们可以自由选择教师的课,择善而从,从而在教学方面突破了私学门户之见。此外,师生之间还可以通过学术辩论等大型活动,活跃学术争鸣的风气。

---

①《孟子·公孙丑下》。
②参见《说苑·尊贤》。
③参见《战国策·齐策一》。

百家争鸣和自由辩论，是稷下学宫学术自由的体现。历代齐王为了充分发现和发挥各派学术的优点，积极鼓励学派之间的自由辩论，有时齐王也亲自与学者辩论。当时诸子百家除有自己独立的思想体系和学术见解之外，而且都具有雄辩才能，只有这样，该学派才能在学宫存在和发展。孟子说："岂好辩哉？予不得已也，能言距扬墨者，圣人之徒也。"①荀子说："君子必辩，凡人莫不好言其善，而君子为甚焉。"②孟荀都是稷下学宫的雄辩家，如孟子与告子的人性论之辩，荀子的礼法之辩，都是比较有影响的。还有更典型的辩论如稷下先生田巴与稷下学生鲁仲连的辩论，田巴"议稷下，毁五帝，罪三王，服五伯，离坚白，合同异，一日服千人"。由此可见田巴的雄辩才能非同寻常。然学生鲁仲连却抓住了田巴夸夸其谈、不务实际、面对齐国的危境了无良策的缺点，登台与田巴辩难道："臣闻堂上不奋，效草不芸，白刃交前，不救流失，急不暇缓也。今楚军南阳，赵代南唐，燕人十万聊城不去，国亡危在旦夕，先生奈之何？若不能者，先生之言有似枭鸣，出城而人恶之。愿先生勿复言。"③鲁仲连的辩难折服了田巴，由此田巴终生不谈，弃文就武，后成为齐将。孟子除跟稷下师生辩论之外，还经常跟齐宣王辩论，有时使宣王无话可对，只好"顾左右而言他"④。由上述数例可见，稷下学宫的学术风气是十分宽松自由的。

第三，教学相长，比肩发展。稷下学宫为教育中心，由于百家争鸣的学术气氛，促进了各学派的学术在相互批评和相互吸收的过程中都得到发展。如上所云，稷下学宫的诸子百家在学术地位上是平等的，但由于各派在自由竞争上吸收其他学派之长和自己的发展状况有别，以致形成了各学派在稷下学宫的地位时起时伏。一般说来，在稷下学宫比较有影响的是法家，其次是道家。在齐宣王和襄王时期，由于孟子和荀子的努力，儒家思想占了主导地位。名家曾在襄王时哗宠一时，但在论辩中被儒家挫败，故占上风的时间不长。阴阳家在稷下学宫是比较有影响的，

---

① 《孟子·滕文公下》。
② 《荀子·不苟》。
③ 《史记·鲁仲连列传》。
④ 参见《孟子·梁惠王下》。

它对于后来燕齐文化的形成及对汉代学术思想的影响是深远的,汉儒董仲舒的思想主要来源于燕齐文化。稷下学宫的晚期,由于各学派相互吸收,趋向综合,出现了两大综合性质的思想体系,其一是黄老学派,它因道会法,兼采儒墨之善,撮名法之要,撷阴阳之精华,形成完熟的道家思想体系;其二是荀子学派,它集各家之大成,以儒家为主体,对春秋战国诸子百家思想作了全面而系统的批判性总结,使传统的伦理政治型儒学转变为以建立中央集权封建礼法为核心的政治伦理型的儒学。清末谭嗣同以为中国封建社会的统治思想实质上是荀学占主导地位。

稷下学宫的学者,在长期的教学实践中,不仅造就了大批人才,而且也发展了他们的学术思想和学派势力,在这里也产生和发展了一些新学派,如黄老学派、阴阳学派、荀子学派等。同时,由于他们在教学中不断地丰富并发展了他们的学说,以至于各学派的代表人物大都有自己的著作,此外还有集体合作的著作,如《管子》《晏子春秋》,以及1973年马王堆出土的《十大经》《经法》《称》《原道》等。它们共同构成了燕齐文化的主体和特色。

总之,稷下学宫是我国古代先秦时期教育变革的突出成就,它开创了我国古代将私学纳入官学体系的办学方式,推动了春秋战国时期的百家争鸣和各家学术思想的融合与统一,发展和改造了西周以来的文化与教育系统,成为先秦社会文化教育向秦汉及整个中国古代社会文化教育转变或过渡的历史桥梁。我们也不难看到,稷下学宫的学者依附于统治阶层并使教育成为统治者养士育士的工具,由此开始结束私学教育的相对独立性。同时由于统治者旨在利用学术而实际上又推动了学术自身的发展,因此私学的学术价值没有相对独立的衡量标准,尽管统治者允许百家争鸣,但其结果却是使学派之间相互竞争,而统治者坐收渔利。由于这种以统治者政治需要为客观价值标准的消极影响,使得传统文化与教育不得不以政治功利为内在发展的动力,这样势必会限制文化与教育的多元性,从而形成中国封建社会文化教育的政治附庸性特质。

第四节 先秦的教育思潮

先秦时期,学在官府的局面被打破之后,代之而兴起的私学教育与诸子百家蜂起及百家争鸣局面的形成,出现了长达数百年之久的以私学教育为中心的教育思潮。在此思潮中,由于各家各派不断积累教育实践经验和面对社会变革实际积极探索与思考,所以能在教育思想和理论上提出各自的主张。这些思想主张有的从哲学层面探讨了教育与人性的关系,有的从政治角度揭示了教育的目的和作用,有的从知识层面讨论了教育与文化的关系,有的从教育学本身总结了教育的基本原则与方法,有的根据伦理建设需要提出了道德教育的理论。总之,在先秦教育思潮中,各家各派在教育理论上都是有所建树的,而且这些教育理论所提示的许多有价值的教育命题和范畴,为中国古代教育思想体系的确立奠定了基础。

(一)以教立国,以教治国的教育目的论

孔子在教育理论上首先提出政教合一,以教立国和以教治国的思想。他说:"道之以政,齐之以刑,民免而无耻;道之以德,齐之以礼,有耻且格。"[1]他继承了《尚书》中的将亲子血缘伦理的孝悌之教作为立国基础的思想,主张通过孝悌伦理之教来影响国家政治,建立"仁政"。这种以伦理为中心,以教育为基础和手段,以仁政为目的的思想,奠定了儒家"建国君民,教学为先"的教育立国理论基石。继孔子之后的孟子和荀子,进一步阐发和丰富了这一思想,从而建立了儒家的教育目的、作用论的思想体系。孟子主张王道政治,以德服人,以为"得民心者得天下",而得民心之道就是制民以"恒产",然后"谨庠序之教,申之以孝悌之义"。他说:"善政不如养教之得民也。善政民畏之,善教民爱之;善政得民财,善教得民心。"[2]还说:"上无礼,下无学,贼民兴,丧无日矣。"[3]孟子继承了孔子有关国家政治要以家庭伦理教育和社会学校教育为基础的思想,提出了即家即国和即政即教的看法,这把血缘伦理之教和宗法政治建设有

---

① 《论语·为政》。
② 《孟子·尽心上》。
③ 《孟子·离娄上》。

机地结合在一起,构造了儒家"仁政"与"德治"相辅相成的"圣王之教"的理想模式。荀子在以儒家为主体的理论基础上,吸收了法家和老庄的思想精华,提出了"统礼仪""一制度",以及"法后王"的观点,主张教育与礼法之治相结合,"立君上之势以临之,明礼以化之,起法正以治之,重刑罚以禁之,使天下皆出于治,合于善也"①。荀子还主张"以公义胜私欲","尊师重道"。在教育目的论和作用论方面将孔子的思想改造和发展成大一统的中央集权政治所需要的政教合一理论。自汉代以后,孔、孟、荀关于教育立国和教育治国的思想,被融注在政治思想与实践之中,成为占统治地位的统治思想。同时,孔、孟、荀的教育目的论和作用论的某些教育范畴,如"富、庶、教""有教无类""齐之以礼,道之以德""学而优则仕""善教得民心""涂之人可以为尧舜""谨庠序之教""化性起伪""以善先人""积善化性""隆师亲友""以公义胜私欲"等,都成为后世教育思想家立论的理论依据。

(二)建立了以人性论为逻辑起点的教育哲学思想体系

先秦诸子,尤其是儒、墨、道、法等家的代表人物,他们对人性论阐发了不少独到的见解。儒家在人性论方面的理论建树最为突出,孔子讲"性相近,习相远",这是一个十分抽象且缺乏内涵规定性的命题,究竟是人的心理素质呢,还是人的生物机能? 究竟是人的社会性,还是指先天的文化积淀或秉性? 后人只是因"习相远"三字的映照多方诠释和发挥。无论如何,孔子毕竟提示了人性可以通过后天的学习而发生变化的道理。随着春秋以后私学的蓬勃发展以及人们对人性问题认识的深入,以孟子和荀子为代表的儒家在战国时期逐步建立了以人性论为逻辑起点的教育哲学思想体系。孟子提出了性善论,以为仁、义、礼、智是人性的内质,至善至纯,且具有"良知""良能"的天赋道德判断与选择能力,尽管它潜在于"人心"的深处,但它却是人之所以为人的本质规定性,是人与动物本质区别的根本原因和标志。孟子的性善论,首次明确地将仁、义、礼、智、德、信作为人性的内涵,而且指出开发这一德性即"存养""扩充"

---

① 《荀子·性恶》。

仁、义、礼、智"四端"而使之"成熟为美",是教育发展人的根本任务。孟子以人性论为教育哲学的逻辑起点,由人性论到道德和智识,即伦理学的道德教育与知识教学,进而提升到教育内容、教育与教学原则、方法,再回归到人性本身在实践层面的展现和磨炼。这一理论结构,着重在于阐述道德教育对人的发展之必要性和可能性,同时也明确提示了道德教育与知识教学的内在联系,把知识教学纳入旨在使"四端"得到扩充、存养的体系之中。荀子从礼法之治的基本立场出发,提出与孟子性善论相左的性恶论,也同样把人性论作为教育哲学的逻辑起点,建立了同质异构的理论体系。荀子提出"性伪之分",以为"凡性者,天之就也,不可学,不可事"。"不可学,不可事之在天者,谓之性;可学而能,可事而成之在人者,谓之伪,是性伪之分也"。① 他批评孟子不懂性伪之分,把先天生理之性与后天习得的礼义道德品质混为一谈。他认为:"凡人之性者,尧舜之与桀跖,其性一也;君子之与小人,其性一也。"② 人性"食而欲饱,寒而欲暖,劳而欲休","目好色,耳好声,口好味,心好利,骨体肤理好愉逸"③。由于这些,就产生了人类的争斗、欺害以及社会的不安定。要使社会安定,"文理隆盛",就必须通过教育手段来"化性起伪",变化人的本性。荀子说:"无性则伪之无所加,无伪则性不能自美。"④荀子的性恶论在事实判断方面,不同于孟子的性善论,在概念上把人性与道德内涵区别开来,否定了道德天赋的先验论。但这不等于说性恶论在价值规定上也否定伦理道德对人之所以为人的本质规定,恰恰相反,荀子对伦理道德的重视更甚于孟子。如荀子主张:"礼者,法之大分;类之纲纪也。"⑤"礼者,治之始也。""人无礼而不生,事无礼则不成,国无礼则不宁。"⑥"以公义胜私欲。"他说:"古者圣王以人之性恶,以为偏险而不正,悖乱而不治,是以为之起礼义,制法度,以矫饰人之情性而正之,以优化人之情性而道之也。始皆出于治,合于道者也。"⑦荀子的教育哲学,很显然也是以人性论为逻辑起点,由此推向教育论、道德论,落实到以政治为指归的目的论。孔、孟、荀的这些思想被儒家经典著作《礼记》中的《大学》《中庸》《学记》等总

①②③《荀子·性恶》。④⑤⑥⑦《荀子·性恶》。

结和归纳,形成一整套"率性而教",通过"正心""诚意""修身"而逐次实现"齐家""治国""平天下"目的的教育思想体系。

除儒家外,墨家也阐述了人性与教育、人性与环境的关系。如墨子以染丝为例,说明人性是教育和环境影响的产物,"染于苍则苍,染于黄则黄,所入者变,其色亦变。……故染不可不慎也"①。道家认为人性是自然无可为的,他们从消极无为的哲学思想阐发了"去智""去学"的观点,以为"在道废,有仁义;智慧出,有大伪;六亲不和,有孝慈;国家错乱,有忠臣"。主张不以智治国,强调"绝学无忧"。这些观点,似乎是异乎儒家,但从教育哲学的理论建构特质上看,也是从人性论到道德论,再到教育论,然后落实到政治目的论,其逻辑路径与儒家亦是一致的,所不同的是内涵与观点。法家是典型的性恶论代表,但法家的性恶论不同于荀子的性恶论,因为荀子主张"化性起伪""去恶从善",关键在于变化人的秉性而使之成为有德君子;法家肯定人性丑恶,采取强制压抑和严厉惩罚的方法,而不是诱导教育的方法,所以法家对人性的改造是"治"而不是"化"。尽管法家也以人性论为起点,但由于它否定传统文化礼乐诗书以及仁义孝悌等伦理道德,提出"燔诗书而明法令""废先王之教","以法为教,以吏为师",所以法家的教育哲学的逻辑结构是由人性论、法治论及政治目的论三个层次构成的,法治论取代了儒家的道德论和教育论,故在实践上否定文化和道德教育,表现出急功近利的法治性格。

在先秦教育改革思潮中,以儒家为代表的诸子学派建构了中国古代教育哲学的基本理论框架和哲学逻辑,以及基本特征与基本范畴等,它对汉唐的儒家教育哲学、魏晋的玄学、宋明的理学等教育理论影响深远。在汉代以后的教育哲学理论中基本范畴与概念,绝大多数源于先秦儒、墨、道、法诸家经典,所以我们认为先秦教育改革思潮是中国古代教育理论奠基的部分。

(三)教学理论的建树

先秦诸子对教学理论的建树,主要反映在教材的文化价值观、教学

---

① 《墨子·所染》。

本质论、教学原则与方法,以及有关教师与学生关系等问题的见解方面。

第一,关于教材的文化价值观问题,各家均有不同的看法。孔子认为自尧舜以来,特别是周公以来的道德文化是最有价值的,所以他极为推崇尧舜禹文武周公,而且以"文行忠信"四教教育学生。孔子编订的古籍文献,后来称为"六经"的《诗》《书》《礼》《乐》《易》与《春秋》,全部内容都以仁、礼、道德价值为其"一贯之道",使西周以来的"摄事制范"传统文化改造成"摄事归心"的伦理政治文化。在道德方面,孔子强调"克己复礼"以"归仁",在政治上强调学习文化以"修己以安人""修己治人"。孔子说:"诵《诗》三百,授之以政,不达,使于四方,不能专对,虽多,亦奚以为。"①由此可知,孔子的文化价值观是以道德功利和政治功利的有机统一为价值取向的,重在知德而行政,"克己以安百姓"。由于孔子重视个人道德修养与从政目的的关系,所以他极力倡导学生多知多能,学习传统,温故知新,学以致用。孟子在文化价值观上基本与孔子相同,但在道德价值方面比孔子有所偏重,他认为传统文化对人的影响是深刻的,也是必要的,然而他反对书本主义,以为"尽信书,则不如无书"②;他所注重的是个人道德理性的自觉,独立思考,注重由博返约,在把握知识基本原则的前提下"居仁由义",把道德实践作为"修己"以及涉世济众、实现文化价值的正确途径。可以说,孟子的文化价值观突出了知识教学对启迪德行的实践意义;强化了道德的实践,强调了德智的培养。与孟子偏重智与德行培养的观点有明显差异的价值取向,是荀子的重政治价值和书本价值的观点。荀子说:"《书》者,政事之纪也;《诗》者,中声之所止也;《礼》者,法之大分,类之纲纪也;故学至乎《礼》止矣,夫是之谓道德之极。《礼》之敬文也,《乐》之中和矣,《诗》《书》之博也,《春秋》之微也,在天地之间者异矣。"③尽管荀子讲"知之不若行之,学至于行而止矣"④,强调知行的统一和把"行"作为检验"知"的标准与目的,但荀子更多的是强调人

①《论语·为政》。
②《孟子·尽心下》。
③《荀子·劝学》。
④《荀子·儒教》。

们对书本知识的学习。他强调积学积修，但认为学的目的不在于成为博学多能的"大儒"，而是成为精明有为，长于治理的政治家，否则知之最多，也不过是"俗儒""陋儒""散儒"而已。荀子强调知识的政治实践价值，他批评孟子之外的诸子学派，"蔽于一曲，而暗于大理"，如"墨子蔽于用而不知文，宋子蔽于欲而不知得，慎子蔽于法而不知贤，申子蔽于势而不知智，惠子蔽于辞而不知实，庄子蔽于天而不知人"①。他认为书本知识的价值是由"道"来决定的，"道者，治之经理也"②。"礼者，人道之极也"③。所以，荀子是把知识价值完全纳入政治价值体系之中，他突出强调了礼法之治。按照荀子对礼的解释，与其说他继承了孔子的伦理政治思想，毋宁说他在价值观上改变了伦理与政治的关系，即由孔子的由伦理而政治变为由政治来要求伦理。由此价值取向决定的教育实践，培养出韩非、李斯这样的法家人物和像毛亨、浮丘伯、张苍这样的经学家，是不难理解的。清人汪中说："荀卿之学出于孔氏，而尤功于诸经。""汉诸儒未兴……六经之传赖以不绝者，荀卿也。"④荀子上承孔子，下接《易》《庸》，旁收诸子，开启汉儒，可以说他的文化知识价值观在改造孔学和启发后儒的价值认同方面，有过不可轻忽的历史影响。

一般说来，墨家是重视生产技术应用的价值，法家强调政治法律知识价值，而道家是反知识的，农家注重生产经验价值，兵家强调军事方面的政治价值，名家突出哲辩理智的价值，等等。由于诸子百家的文化价值观不同，因而在教育内容的选择上表现出不同的文化价值取向差异，以致形成体系多样的教学实践。

第二，诸子百家对教学本质、教学原则与方法的理论贡献，也是对后世富有影响的。在诸子百家中，孔子、孟子与荀子的理论建树最为显著。孔子认为教学本质是教人接受知识和"修己"的手段，孟子认为教学是使人的善性得以"扩充存养"以至于"成熟"的养性功夫，荀子以为是"化性起伪"、

①《荀子·解蔽》。
②《荀子·正名》。
③《荀子·礼制》。
④参见《荀卿子通论》。

变化气质的"积善"过程。荀子说:"以善先人者,谓之教。"教育是使人"博学,积善而化性"①。墨子认为教学是"有道者劝以教人",把教学作为培养"厚乎德行,辩乎言谈,博乎道术"的贤士或"兼士"的工具。由此可见,儒、墨两家在认识教学本质方面都从不同侧面提到了教学与德育、教学与知识和教学与人的发展诸问题。他们的这些见解尽管不太成熟,但作为思想萌芽,对后世的思想启发却是深远的。如《礼记·大学》和《学记》所阐述的"学道""道问学""格物致知"等观点,大体是继承了孔、荀的思想;《中庸》中的"率道之教"以及"唯天下至诚能尽其性""尊德性而道问学,致广大而尽精微"等思想,在很大程度上受孟、荀的影响。孟子的"尽心知性知天"思想,在教学理论中突出道德尽性的培养,强调"良知""良能"的理性自觉,对后世陆、王心学学派的教学思想影响十分深刻。

除了对教学本质的思想建树之外,先秦儒墨两家还在教学原则方面总结了很多有价值的经验,提出了一些有生命力的教学原则和方法,如学思行结合、劝学广闻、学而时习、温故知新、学思并重、举一反三、因材施教、因时施教、量力所至、务本约末、以名举实、察类明故、深造自得、盈科而进、引而不发、专心有恒、锲而不舍、知类通道、隆师亲友等,均奠定了后世教学原则与方法的基础。

此外,先秦诸子在教师理论方面也有许多建树,如对后世影响较大的有孔子的学无常师、当仁不让于师、温故知新可以为师的观点,孟子关于教育英才为人生一乐的观点,荀子关于"君师者治之本也""言而不称师谓之畔""人有师法而知速通",以及师道尊严、"师术有四"等观点,墨子关于教师道德修养等方面的见解,法家的"以吏为师"观点等,都从不同角度阐述了教师的职业性质特征、教师与学术的关系、教师与政治的联系以及教师自身的德智与教法修养等问题。

从整个人类的历史考察,古代希腊的文化创造开启了西欧古代文化教育的源头,中国先秦时期的文化也同样开创了中国古代社会文化的源头,中国古代尤其是汉代以后的以儒家为主导的教育理论与思想,其根

---

①《荀子·富国》。

源基本是先秦儒家及墨、道、法诸子学派，后世儒家无论是汉唐的经学教育家、魏晋的玄学教育家，还是宋以后的理学家们，尽管他们在理论思想上各自有创新和重大建树，但他们所使用的基本教育范畴和所讨论的基本教育问题，绝大多数没有超出先秦诸子的理论范围和思维方式。由此原因，近代以来研究中国文化思想和教育思想史的中外学者认为，先秦诸子百家的理论贡献促使了中国传统文化的早熟，以至于对中国传统文化与教育发生如此深广而久远的影响。

先秦诸子在教育理论上有上述历史贡献，绝不是偶然的事情。从当时的社会条件看，先秦诸子百家的兴起代表了社会进步和需要，他们在社会变革中积极参与政治变革实践，并且以他们所拥有的知识和智力，长期保持了相对独立的从事文化传播和思想建设的地位，以至于成为以全部精力投入政治、军事、外交等角逐的诸侯王国统治者必须依赖和相互争夺的重要力量。因此，诸子百家在参与政治和社会变革的活动中，比较能够超越现实的政治集团的狭小范围，从宏观上认识和把握社会发展与变革的历史走向，提出富有远见的社会建设性意见。尽管他们的思想主张时时被统治者认为是"迂阔"的，但正因为如此，他们的思想主张才具超前性，表现出早熟的性格。从当时文化条件看，由于"天子失官，学在四夷"，文化专制的局面随着诸侯势力的强盛和发展而需要士阶层的支持，垄断逐步被打破。诸侯养士风气的形成，为诸子百家提供了适宜生存与发展的文化土壤与条件，同时又随着诸侯间的相互兼并以致形成以地域环境为基础的几大文化区域。这种大气候和小气候，对于形成和发展诸子百家学派是极为有利的。诸子学派在总体上或在共性上都在继承西周政治、经济以及文化生成条件的影响，在探索传统文化革新方面创造着它们自身的学派性格和形成它们自己的学说思想。大气候的学术自由，有利于诸子百家的学术交流与争鸣，有利于促进私学教育的比肩发展；小气候的相对稳定，又有利于地域文化性格与传统的形成与发展。这样就形成了诸子百家在学术上的百家争鸣和相互批评、吸收、融合，乃至使学派个性在整个学术思潮中得到发展的同时，又自然而然地趋归统一。战国末期，随着诸侯国之间相互兼并以致为秦所统一，诸子百家的学术思想也在这种统一过程中完成了以儒、法、道三家为主体的古代思想体系的建立。所以说,诸子百家学术思想的统一是历史的必然趋势。自秦始皇到汉武帝,时而突出法家,时而尊崇黄老之学,时而儒、法、道并存,但最后还是以儒家为根本,形成了"外儒内法而揉之以道"的思想结构。

在长期的历史进程中,我国古代教育思想理论,大体说来是在继承这一思想结构的基础上开拓与发展的,形成了历久弥新的学术"道统"和教育思想传统。

第三章　秦至晋时期的教育

第一节　秦始皇"焚书坑儒"与官学的设立

秦汉时期是中国古代文明进一步走向成熟,经济、政治、文化、教育持续发展的时期。在这一历史阶段中,教育思想与实践,特别是教育新制度的创立和对旧体制的改革都十分突出和频繁,是中国古代教育体制和学校教育的奠基时期。

秦统一中国后,采用法家主张,实行耕战政策,在教育上创立了相应的吏师制度。秦始皇三十四年(前213)时,曾"置酒咸阳宫,博士七十人前为寿,仆射周青臣进颂"。博士齐人淳于越主张复古制、尊古体,反对变革,遭到丞相李斯的攻击,致有"焚书坑儒"的劫难。除医药、卜巫、种树之书以外,诗书百家之语皆不能存。在全国"一法度衡石丈尺,车同轨、书同文字"的情况下,又施行了更为残酷的思想统治政策。

政治上改革需要集权和专制作保证,在教育上也必然要采取"焚书坑儒""以吏为师"的政策。博士之官,始于六朝而秦代沿袭,职责是通掌古今之事,以备朝廷咨询。① 他们或参考政事,或掌故籍,在吏师之制实行后一些人转而为吏帅,以注释和传播秦朝法令为己任。吏师之制早为法家所提倡,商鞅、韩非,以及吕不韦等人对此均有论述。中国从大分裂走向大统一,在意识形态及文化教育领域也需要一个由百家争鸣向文化独裁的过渡。而在这时,以吏师传授法令便是最好的选择。"以吏为师"是与"以法为教"联系在一起的。秦朝法令成为至上的权威和戒律,除此之外,一切文化思想均显得黯然失色。

---

① 参见《汉省·百官表》《观堂林集卷四汉魏博士考》。

公元前210年,秦始皇死,陈吴起义,天下大乱,直至公元前202年汉王刘邦正式称帝,统一天下,才为当时社会的发展奠定了初步的基础。汉初诸帝深受秦末农民大起义的影响,采取道家"无为而治"的统治术,实行"休养生息"的政策,只在一定范围内恢复了儒家提倡的尊卑仪礼。几十年以后到文帝、景帝统治之时,社会生产得到一定的恢复和发展,社会矛盾趋于缓和,出现了相对安定和繁荣的"文景之治",汉王朝发展到初步成熟的阶段。平定"七国之乱"以后,汉代政治上更加统一,汉武帝从加强中央集权的统治着眼,准备发展文教事业,从意识形态和思想领域加强控制。元朔五年(前124),汉代建立了统一的官学教育制度,将高级人才的培养和选士牢牢地掌握在朝廷手中。据《史记·儒林列传》载:"秦之季世,焚诗书,坑术士,六艺从此缺焉。陈涉之王也,而鲁诸儒持孔氏之礼器往归陈王,于是孔甲(孔子八世孙)为陈涉博士,卒与涉俱死。……及高皇市诛项籍,举兵围鲁,鲁中之儒尚讲诵习礼乐,弦歌之音不绝,岂非圣人之遗化好礼乐之国哉。……夫齐鲁之间于文学自古以来其天性也,故汉兴然后诸儒始得修其经艺,讲习大射乡饮之礼。叔孙通作汉仪礼,因为太常,诸生弟子共定者,咸为选首,于是喟然叹兴于学,然尚有干戈,平定四海亦未暇遑庠序之事也。孝惠吕后时,公卿皆武力有功之臣,孝文(帝)时,颇征用,然孝文帝又好刑名之言,及至孝景不任儒者,而窦太后又好黄老之术,故诸博士其官待问未有进者。及今上(汉武帝)即位,赵绾、王臧之属明儒学,而上亦乡之,于是招方正贤良文学之士。自是之后,言《诗》于鲁则申培公,于齐则辕固生,于燕则韩太傅(名婴);言《尚书》自济南伏生(名胜);言《礼》自鲁高堂生(名伯);言《易》菑川田生;言《春秋》于齐鲁自胡毋生,于赵自董仲舒。及窦太后崩,武安君田蚡为丞相,黜黄老刑名百家之言,延文学儒者数百人,而公孙弘以《春秋》白衣为天子三公,封平津侯。天下之学士,靡然乡风矣。"在这种令社会崇儒重教的大氛围中,汉代的学校教育得到了空前的发展,逐步建立了中央和地方的官学教育制度,为此后历代学校制度的建立和完善奠定了初步的基础。

　　汉代官学从无到有，主要是借鉴了前朝在兴学重教方面的经验，将学校分为中央和地方两大类。前者以太学为常制、为代表，而四姓小侯学及后来的鸿都门学等则为辅助性的、临时性的特殊学校，后者即所谓的郡国学校。太学之设一般以汉武帝接受董仲舒、公孙弘等的建议置博士弟子员（太学学生）50人为起始。当时的建议指出："闻三代之道，乡里有教；夏曰校，殷曰序，周曰庠。其劝善也，显之朝廷；其惩恶也，加之刑罚。故教化之行也，建首善自京师始，由内及外。今陛下昭至德，开大明，配天地，本人伦，劝学修礼，崇化厉贤，以风四方，太平之原也。古者政教未洽，不备其礼，请因旧官而兴焉。为博士官置弟子50人，复其身。太常择民年十八以上，仪状端正者补博士弟子。郡国道邑有好文学、敬长上、肃政教、顺乡里，出入不悖所闻者，令相长丞上属所二千石。二千石谨察可者，当与计偕，诣太常，得受业如弟子。一岁皆辄诚，能通一艺以上，补文学掌故缺。其高第可以为郎中者，太常籍奏。即有秀才异等，辄以名闻。其一事学若下材及不能通一艺，辄罢之，而请诸不称者罚。"[1]从这一文献的内容上看，汉代的太学在教学内容和管理上均有较为明确的规定，对后世学校教育的发展有重要的影响。为了巩固大一统的政权，学校教育配合"独尊儒术"的文教基本政策，进行了一系列自上而下的改革。为了推广教化，统治者设想应达到"乡里有教"的理想境界。但是，为了能保证这一理想的实现，则要先树立样板，"建首善自京师始，由内及外"，逐步普及。模仿成熟、完备的中央官学，地方学校才容易被纳入教育发展的正轨。

　　为了统治大量有用的人才，西汉于都城长安建立太学。据《三辅黄图》载："汉太学在长安西北七里，有市有狱。"《三辅旧事》亦云："汉太学中有市有狱，在长安门东，书社门立五经博士员弟子万余人。"可见当时

---

　　[1]《史记·儒林外序》。

太学的规模相当宏大,影响也必定深远。自汉武帝之后,汉朝历代帝王均注重太学教育,所设博士弟子名额也逐年有所增加。至西汉末王莽执政之时,提出若干改革主张。试图模仿古制,扩大太学,筑舍万区,其理由是:"欲耀众庶,遂兴太学。"①使文化教育进一步普及。东汉迁都洛阳之后,于建武五年重建太学。据陆机《洛阳记》记载:"太学在洛阳故城开阳门外,去宫八里。讲堂长十丈,广三丈,堂前石经四部。"其规模相当可观。《汉书·翟酺传》亦载:"光武初兴,愍其荒废,起太学博士舍,内外讲堂,诸生横向,为海内所集。"到和帝永元十二年,朝廷有赐博士员弟子在太学者布人三匹之举,一时名儒云集京师,四方学者咸来听讲,负笈求学者远至边疆地区,如匈奴等族亦派子弟前来求学,汉朝的影响不断扩展,政权也日趋巩固。② 到明帝之时,出现一种盲目复古倾向,仿古制所建的辟雍已落成,朝廷欲毁太学,太尉赵熹以为不可,极力阻谏,才得以使辟雍、太学并立。此后,由于年久失修,太学日渐凋毁,学舍竟变为"园采刍牧之场所",文教事业出现衰象。至顺帝时,根据翟酺、左雄等人的建议,对太学进行了重新修缮,并拓建房屋学舍共计 240 房,总计 1850 室。从此,太学复振,从学者日众,竟增至 30000 余生,可谓盛极一时。③

汉代太学的建立标志着以儒家经典为教学内容的官方教育的正式开始。因此,随着尊儒措施的进一步加强,太学的规模也在逐步地增大。在太学任教的教师多为专通一经的博士,他们多属于得到官方承认的学派。在汉武帝时,沿用了秦朝的博士之职,任用办法或由征聘,或由荐举,或由选试,或诸科始进,或以他官升迁,途径不一。起初,汉高祖在位时,拜叔孙通为博士,地位颇显耀。文帝时置一经博士和传记博士,有了大块的分工。当时的地方诸侯王为了发展自己的势力,也自置博士,发展家学和私学。汉武帝时所置五经博士隶属于太常寺,在太学未立之

---

①《史记·儒林外序》。
②《前汉书·王莽列传》。
③参见《玉海》卷 111。

前,专以研究某经、某传为终生职业;至太学立,博士们仍以所研之经教授学生,除讲章句之外,亦有自己研究的心得。至汉平帝时,王莽依古文说,将五经增至六经,每经置博士五人,时有六经三十博士之说。① 东汉光武帝时,为消除王莽等的影响,又依今经说文立五经博士,亦按各人家法教授,时有专精一经的十四博士。② 在此十四人中,太常要选出其中的一位德高望重、学问超群者为"祭酒",在学术和管理上起统领作用③。可见,太学在创建之初的若干改革既与思想统治的政策相关,又与朝廷内部的政治斗争紧密相联,"政教合一"的色彩十分明显。

东汉时,除中央官学外,又建立了两种特殊的官方学校:鸿都门学和四姓小侯学。前者创立于东汉灵帝光和元年二月,因校址在鸿都门,故以此名校,属于艺术类专门学校。这是因为灵帝本人喜好书法、绘画、辞赋等,所以曾诏善尺牍及工书鸟篆者数十人待制于鸿都门下,并进一步设学,专门研究书画文学艺术,诏令州郡三公选派学生来校就学。当时,不少正统文人如蔡邕、阳球等曾上书极力阻谏,请求废止,以为与正统经学教育有相悖之处,不宜举办。但灵帝不听,反而以高官厚禄优遇鸿都门学的学生,出将入相,甚至封侯赐爵者颇多。④ 后者创建于汉明帝永平九年,实为宫廷或官邸学校之一种。当时朝廷崇尚儒学,要求太子、诸王及功勋子弟都必须入学授经。为了加强统治者后代在思想意识上的一致性,朝廷又为当时的外戚樊氏、郭氏、阴氏、马氏等子弟专门设学,置五经师教授,即四姓小侯学。⑤ 据《后汉书·儒林传》载,"显宗(明帝)复为功臣子孙、四姓末族,别立学舍,搜选高能,以授期业,自期门羽林之士,悉令通《孝经》章句,匈奴亦遣子入学"。说明这类学校已从一般宫廷学校扩大、拓展开来,兼顾中下层和外族,其入学人数有时甚至远远超过太学,声名日盛。发展到后来,这种贵

①参见《三辅黄图》。
②参见《汉书儒林传》。
③参见《后汉书·百官志》。
④参观《后汉书·灵帝本纪》及蔡邕《阳球传》。
⑤由于当时的外戚不是列侯,故称之曰"小侯",参见《后汉书·明帝本纪》及注,《袁宏汉纪》。

族学校已发展为多个，如安帝元初六年，邓太后又为和帝弟济北河间王的子女，年五岁以上的四十多人，及邓太后近亲子孙三十余人并开邸第，教授经书，并亲自监试①，培养了大批王孙贵族子弟。至质帝本初元年朝廷诏令四姓小侯，先能通经者各随家法，其高第者上其名册，以其行赏②，进一步鼓励权臣子弟专心向学。凡从这类学校毕业并成绩优异者皆可获得赏赐及功名职务。

汉代官学的另一重要部分是郡国和地方学校的发展。广教化、育贤才是儒家教育的一贯理想，在大一统的汉朝和较安定的环境中才能初步得以实现。汉代郡国学的设立始于武帝时，由蜀郡太守文翁最先举办。他首先派遣一些郡县小吏和开敏有才之人，如张叔等十余人留学京师，从博士受业，除经学外，也学律令等，文翁节省开支，为其筹措学费等。③ 数年后这些人学成而归，文翁便在成都修起学宫，招选各县子弟为学生，并明令免除其赋税差役。学习成绩高者可于郡县任官，次则为孝悌力由。凡当文翁出巡各县视察政务之时，常领着一些高才生同行，学官童子也常在其左右，不仅使学生在学期间了解到了许多从政治国的活知识，也大大提高了他们的地位。如此，"县邑吏民见而荣之，数年，争欲为学官弟子，富人至出钱以求之，由是大化"④。蜀郡文教发展之后，曾得到武帝嘉奖，并令天下郡国皆立学校官，但因当时财力和师资条件均不成熟，所以郡县学未能一下普及开来，只在个别郡县乡有响应和效法的情况。

在儒学地位日益尊显，国家需求安定和发展的情况下，兴学重教是符合"王子命之教，然后兴学"⑤的儒学礼制和治国原则的。在地方兴学对于主管官员来说既属于主要政绩，又可培植自己的关系与势力，确是利大于弊的事。因此，在文翁的启发下，不少地方官员有了办学的热情，

---

① 参见《后汉书·邓皇后纪》。
② 参见《后汉书·顺冲质帝本纪》。
③ 参见《汉书·循吏传》、《文献通考》卷46。
④ 参见《汉书·循吏传》。
⑤ 《礼制·王制》。

重视设立学官。昭帝时,颖川太守韩延寿"修治学官,春秋乡射,陈钟鼓管弦,盛升降揖让"①。成帝时扬州刺史何武"行部必先即学官见诸生,试其诵论,问以得失"②。到西汉末年的平帝时,才于元始三年诏命立学官:"郡国四学,县道邑侯国曰校,校、学置经师一人。乡曰庠,聚曰序,庠、序置《孝经》师一人。"③质而言之,这一光学之举主要是王莽托古改制的主要内容。当时,太学有了较大发展,文人儒士人数已颇多,在教学人员不足的问题上已有了缓解。但是,由于当时共有郡、县、邑 1758 个,乡 6622 个,聚(相当于小乡,或聚居地)21653 个,④所以要真正达到王莽设计的目标还很困难。加上王莽新政仅维持了十余年时间,可想其具体实施的情况不会太理想。

至东汉,在前朝努力的基础之上,州郡官吏已多为儒者,因此,其初到任上即注重兴学,发展教化,于是郡国之学得以普及建立。据《后汉书》记载,当时寇恂在汝南、李忠在丹阳、秦彭在山阳、任延在武威、伏恭在常山、赵岐在皮氏、卫飒在桂阳、孔融在北海、应奉在武陵、鲍德在南阳等郡,均设学修校,"教授不辍""邦俗从化"。据班固《西都赋》所赞,当时"四海之内,学校如林,庠序盈门"⑤⑥。地方官学一度大为兴盛。较之西汉,由于地方官员的努力,郡国学的影响已远在太学之上,完成了王莽时想做但无力完成的初步建立地方学校等系统的大业,使教育得到了很大程度上的普及。值得注意的是,和私人教授不同,汉代郡国学校的教师都是郡国文学掾吏,既有衣食保障,又有利禄吸引。据《汉书》记载,元帝时"郡学置五经百石卒史",教员均有正式的品秩,郡国文学官即相当于地方的五经博士。如此,地方不少求学上进之士则将教师之职视为荣耀

①《汉书·韩延寿列传》。
②《汉书·何武传》。
③《汉书·平帝纪》。
④据《汉书·南官公卿表》统计。
⑤据《汉书·南官公卿表》统计。
⑥据《汉书·南官公卿表》统计。

清雅之目标,为地方学校的教师来源提供了补充。

地方官学的兴起和发展使儒学及官方正统思想的传统扩展到更大的范围。不仅建立了正规教育的体系,而且初步形成了社会教育的规模,与私人教学的发展相得益彰。在中国教育制度的发展史上,汉代对学校教育系统初步确立所作的贡献和改革是划时代的、巨大的,后继各朝均从中吸取和继承了制度和思想方面的成果和教训。汉代官学教育制度的确定是当时政治、经济、思想、文化发展的必然结果。官学以太学为中心,水准高而且管理严;地方郡县学以太学为模式,在各方面效法和学习,使官学教育系统中各类学校的联系逐渐从自发过渡到必然和完整,实现了中国教育制度初步发展的形态。

第二节 "以吏为师""独尊儒术"
及儒学统治教育地位的确立

秦汉两代在许多方面表现不同,但其维护和巩固统治的核心是一致的。汉承秦制,不是简单地照搬秦朝在管理制度上的创建,而是在汲取秦朝二世灭亡的经验教训之后有着深层的思考。起初,刘邦任用儒生订汉礼仪,但却没有给儒学至高无上的地位。在几代帝王"无为而治"的统治之后,政权有了政治、经济、军事、民众心理、文化等多方面的保障,对"利于守成"的儒学就更为需要了,于是从汉武帝开始实行"独尊儒术"的思想政策和文教措施,儒家思想被奉为"天不变,道亦不变"①的治世宝典。质而言之,汉武帝"独尊儒术"、表彰六经与秦始皇"焚书坑儒"、禁学重吏相比,实是殊途而同归,都具有文化思想专制的性质和作用。只不过在手段上秦朝突出的是个"禁"字,采用的是残酷的肉体消灭的政策;而汉朝则标榜一个"尊"字,打出"天道"的旗号来钳制和压迫民众的思想与精神,采用的是相对缓和的和老练的诱导方法,试图通过教育的途径,

---

①《董膠西集·对策二》。

将忠、孝、仁、义等伦理纲常注入到民众的思想之中,达到真正控制社会的目的。

"独尊儒术"是汉代的文教政策,也是汉以后,绵延两千年的中国的主要文教政策。从"无为"而到"有为",从"焚坑"而到"独尊",体现了历史发展和思想文教发展否定之否定的过程。在汉朝取代秦朝的历史大动荡之后,在五行三统相克相生的理论的启发下,在董仲舒等人的附会演绎的说教中,汉代统治者不仅总结了秦朝的教训,而且高兴地寻求到军事、政治、经济、法律统治之外的又一统治武器,以"君权神授"及"三纲五常"为中心的儒学便成为备受统治者重视的学说。

汉儒董仲舒(前179-前104)是今文经学的主要创始者和汉代专制政策的极力拥护者。为了适应当时统治的需要,他创立了春秋公羊学,即一套具有浓重神学色彩的"天人感应"理论,把"三纲五常"等道德伦理观念与天、神、谶纬等结合起来,加强儒学理论的威慑和说教的力量,在汉代到近代以前的文教领域中有深刻的影响。

汉武帝在即位之初虽忙于征战和政权的巩固,但已有明显崇儒倾向。当时儒生赵绾、王臧等人都以文学所长位至公卿。为了请教八十多岁的《诗经》专家申公,汉武帝曾亲遣特使,以"束帛加璧,安车驷马"去迎接。建元五年,诏命专置五经博士,将原有研究诸子传记之说的几十名博士全部罢免,已感到百家之说蜂起不利于大一统国家的思想统治。元朔五年,崇儒的政策得到进一步发展,开办太学以专门研究和传授儒家思想,造就儒家治术人才。同时,建立贡举制度,设孝廉、秀才等科,以儒家标准为世人树立榜样以利禄仕途诱导之,在主要政策的制订上都向尊崇儒学倾斜,为"独尊儒术"政策的实施作了多方面的基础准备。

在"罢黜百家,独尊儒术"的政策的具体实施中,董仲舒是关键人物。这位汉景帝时的春秋公羊学博士有"汉代孔子"之誉,武帝时大举天下贤良文学之士,他应召献治国对策,获第一名殊荣,被任命为江都相。在对策中他提出的三项关于文教政策的建议都被汉武帝采纳,成为汉代文教改革的主要依据。首先,他明确提出"罢黜百家,独尊儒术"的主张,认为"春秋大一统者,天地之常经,古今之通谊也。今师异道,人异论,百有殊方,指意不同。是以上亡(无)以持一统,法制数变,下不知所守。臣愚以为诸在六艺之科,孔子之术者,皆绝其道,勿使并进邪僻之说灭息,然后统纪可一,而法度可明,民知所从也"①。董仲舒的这一建议主要是根据他"奉天法古"的政治主张而来。他认为加强统一和提高君权是巩固大一统的保证,根据"天人相与"的神学世界观,应把皇权绝对神学化。他说:"德伴天地省称皇帝天佑而子之,号称天子。"②"屈民而伸君,屈君而伸天"是《春秋》之大义。③ 扩而展之,则可进一步根据阴阳五行及有关的尊卑理论,确立君臣、父子、夫妇的纲常附属关系。④ 试图建立一个庞大而体系完整的统治纲,并为之找到理论根据。为了这一政治需求,儒家的传统实践和理论探索都是最佳选择,而百家之说则相形见绌。从中国历史发展的情况来看,董仲舒及汉武帝的这一改革的基本选择是适应当时社会的发展的,历史的规定性和阶段的局限性只能使他们作这样的选择。

其次,董仲舒提出了兴太学、重养士及防止奸邪滋生的第二大文教政策。他认为,根据公羊春秋之说,上天重阳而轻阴,统为阳,刑为阴,因此,治天下应"务德而不务刑"。具体言之,即"任德教而不任刑"⑤。通过教育培养人才,杜绝邪恶,才可长治而久安。董仲舒认为,要使统治巩固,必须养成社会的良好风俗,只有"以教化为大务"才能起到"德日起而大有功"的作用。⑥ 而在兴学之中,作为样板的太学尤其重要,即所谓"太学者,贤士之所关也,教化之本原也"⑦。太学既是国家培养和选拔人才

---

① 《董膠西集·对策三》《汉书·董仲舒传》。
② 《董膠西集·三代改制质文》。
③ 参见《春秋繁露·玉杯》。
④ 参见《春秋繁露·基义》。
⑤ 参见《春秋繁露》中《阴阳义》《阳尊阴卑》《基义》《对策一》等篇。
⑥ 参见《春秋繁露·对策一》。
⑦ 《汉书·董仲舒传》。

的基础所在,又是社会风俗淳化的发源地和催化剂。纵观汉代教育的发展,"独尊儒术"的最大影响就是官方学校教育制度的建立,特别是太学的发展和完善。班固在《汉书·武帝纪》中指出:"孝武初立,卓然罢黜百家,表章六经。遂畴咨海内,举其俊茂,与之立功。兴太学,修郊祀,改正朔,定历数,协音律,作诗乐,建封坛,礼百神,绍周后,号令文章,焕焉可述。"指出在汉武帝"独尊儒术"政策具体实施的一系列措施中,兴太学是首要和关键的。在发展教育、举办学校的带动下,学术研究也出现了相对的繁荣状况。

最后,董仲舒还特别提出要建立健全选士与贡贤制度,为教育的发展开辟广阔的前景,为政权的巩固网罗更多的有用人才。董仲舒曾建议汉武帝诏令各诸侯、郡守等每年从所属领地的豪绅名门子弟中选送贤明者二人,到中央政府授官,得到了汉武帝的批准,于是汉代自元光元年开始由各地选贤才入京,此乃举孝廉之始。[①] 选士制度是国家选拔人才、补充政府官员缺额,以保证国家机器正常、良好运转的制度,是在中央集权统治之下的必然产物。自秦汉开始建立的中央集权制度是由皇帝为最高主宰的,天下百姓皆为臣民,官员的选举作用完全取决于皇帝以及由他控制的政权。汉初之时,朝廷已有选士的措施。据《汉书·高帝纪》载,高帝十一年时,朝廷曾下求贤诏曰:"盖闻王者莫高于周文,伯者莫高于齐桓,皆待贤人而成名。今天下贤者智能岂特古之人乎?患在人主不交故也。士奚由进?含吾以天之灵,贤士大夫定有天下,以为一家,欲其长久,世世奉宗庙亡(无)绝也。贤人已与我共平之矣,而不与吾共安利之,可乎?贤士大夫有肯从我游者,吾能尊显之。布告天下,使明知朕意。御使大夫昌下相国,相国酂侯下诸侯王,御史中执法下郡守,其有意称明德者,必身劝、为之驾,遣诣相国府,署行、义、年。有而弗言,觉,免。年老癃病,勿遣。"明确指出选士求贤的目的在于"欲其(统治)长久,世世

---

① 参见《汉书·武帝纪》。

奉宗庙亡绝也"。文帝即位之初,也于壬戌二年和十五年两次诏令公卿太守"举贤良方正能直言极谏者",并采取策问的方式设题指事,考察应试者的才智、学问,可视为后世科举取士制的远源之一。"独尊儒术"政策的确立,为选士之制的发展与完善铺垫了道路。儒家"学而优则仕"的传统思想与当时人才需求的现实进一步吻合,促使选士制度发展与逐渐完备。武帝即位之后,曾多次诏举"贤良方正"和"孝廉""秀才",关于儒家经典、治术和道德伦理方面的要求成为选士的主要标准。据马端临《文献通考》载,汉时选士之制主要是"郡国举士","其目大要有三:曰贤良方正也,孝廉也,博士弟子也",而其中又"以贤良方正为至重",[1]属于天子亲自取士科目,是后世科举殿试取人之嚆矢。

汉代选士比较重视通经致用,在目前所见之遗存诏令之中可以见到这一倾向,这也是当时社会发展和统治需求的一种反映。汉武帝元光元年诏曰:"征吏民有明当时之务,习先圣之术者。"[2]宣帝元康元年则谕"博举吏民厥身修正,通文学、明于先王之术,宣究其意者各二人"[3]。元帝初元二年明令有司"举天下明阳灾异者各三人"[4]。东汉安帝永初二年则诏令"其有百僚及郡国人有道术,明灾异阴阳之度,璇玑之数者,各使指变以闻"。这些徵举诏令既反映了当时春秋公羊学占统治地位的特点,又表现出统治者对儒学重视的目的在经世致用,绝非只限于树一家之言。上述这些儒家"先贤"少谈寡言的道术,灾异之学等统统可以被纳入贤良方正的取士范围,说明汉代统治者所需所求者非传统儒学,乃是由董仲舒等人神化了的"实用"儒学。在东汉,自光武至恒帝的150年间,朝廷曾举行重要的贤良方正对策考试25次之多,其他大量诏举和其他类型的选举考试就更多了,反映了当时对选举取士制度的高度重视。

---

[1] 参见徐天麟《东汉会要》。
[2]《汉书·武帝纪》。
[3]《汉书,宣帝纪》。
[4]《汉书·元帝纪》。

汉代选举之制采取的是学校制度和选举取士制度并存的方法。以往凡经太学、鸿都门学、四姓小侯学、州郡学毕业的学生，成绩优秀者便可获得中央或地方政府的官职，但由于各级各类学校的毕业生人数太多，而因种种原因不能获取官职的贤才又大有人在，如何更有效地网罗人才为政权服务，是处理好教育和人才任用关系的关键问题。为此，统治者采用了选举取士之制以补充和调节。这样一来，相对扩大了学子入仕的途径，为教育的发展开辟了新的出路，也为学校或私学出身的各类知识人才参政提供了机会，在一定程度上削弱了不满的隐患，将文化阶层基本纳入"读书做官"的学习氛围之中，成为儒家理想的人才，"穷则独善其身，达则兼善天下"，终身为统治者服务。

为了切实收到"罢黜百家，独尊儒术"、加强思想控制的效果，汉朝除在兴学、选才和思想政策上采取一系列有力的措施外，还特别对教材的内容实行了严格的审订和标准化的工作。对于儒学经典，两汉时期除了加强在学校的教学和研究以外，朝廷及皇帝还积极参与经学教材及其注疏的统一和审订工作，试图借此达到统一思想的政治目的。其中最有代表性的两次经学会议在历史上产生了重要的影响。第一次是汉宣帝甘露元年召集各地名儒学者，在石渠阁讨论五经异同。第二次是在东汉章帝建初四年朝廷大会群儒于白虎观，持续数月讨论经学问题。这两次讨论都是今文经学问题，如何使经文注疏适合当时的统治需要而又能自圆其说。第二次讨论的结果被汇编成《白虎通议》（即《白虎通德论》），成为东汉以后儒家经学教育的标准说法和考试的标准答案。值得注意的是，至此，儒家的"三纲六纪"即君臣、父子、夫妇"三纲"和诸父、兄弟、族人、诸舅、师长、朋友"六纪"，被进一步法典化，以更细致的具体的方式向民众的思想和习俗中渗透，成为中国古代社会伦理的核心内容。为了保证各类学校的经师在讲课之时有官定的标准本，汉安帝元初四年，朝廷曾命令通儒刘珍及诸经博士、良史、学者等一起校订诸家经说，由蔡伦负责

"监典其事"①。至灵帝熹平四年,为了进一步统一教材,统一全国经书的文字体例,朝廷又在太学门前的两侧镌刻石经四十六块碑。据《后汉书》记载,参加这一儒经统一标准工作的主要负责人是谏议大夫马日磾及议郎蔡邕等。当时"邕以经籍去圣久远,文字多谬,俗儒穿凿,疑误后学。熹平四年,乃与五官中郎将堂典,光禄大夫杨赐,谏议大夫马日磾及议郎张驯、韩说,太史令单飏等,奏求正订《六经》文字。灵帝许之,邕乃自书(册)(丹)于碑,使工镌刻于太学门外。于是,后儒晚学,咸取正焉。及碑始立,其观视及摹写者,车乘日千余辆,填塞街陌"②。该石经以古文(籀书或称大篆)篆书(秦篆)和隶书(当时通行书体)书写,历时八年始刻成,成为中国古代第一部由政府统一颁布,供教学和考试对照参考的标准,在世界教育史上具有突出的地位。从史书记载来看,这种统一和标准化的工作收到了预期的效果,全国学者儒师都向石经看齐,教材被很快地统一了。在造纸术充分发展之前,在印刷术还未发明之时,运用石经的形式统一天下教材的标准的确是一种创举或重要改革,它从最关键的方面保证了教育、选士和思想控制的顺利进行,使"罢黜百家,独尊儒术"这一中国教育史和思想史上的重大变革逐步落在实处,成为后世统治者推行和效法的典范。

第三节　学官制度及管理

两汉时期是中国古代教育制度改革、发展的高峰时期,后来的各朝无不以汉为宗法的对象。在教育制度之中,学官制度和教育管理制度是非常关键的两大部分,关系到教育是否能切实得到发展。

汉代承袭了秦朝的学官之制,首先把"以吏为师"、尊崇法家的孤家寡人政策破除掉,在"无为而治"思想指导之下,让各种学说的传播与教育有一个较自然、平和的发展时期。汉武帝以后,提倡"独尊儒术",太学

---

①参见《后汉书·宦者列传·蔡伦》。
②《后汉书·蔡邕传》。

系统成为教育的核心，五经博士就成为独享教育权的教官，他们中的领袖人物原称"仆射"，东汉后仿旧制而称"祭酒"。武帝时，经过石渠阁论经之后，人数增至14人，元帝时定额为15人。起初，经学分为今、古文两个派别，自董仲舒思想被采纳后，今文经获得了绝对的优势。元帝时所设的鲁诗、齐诗、韩诗、欧阳书、大夏侯书、小夏侯书，大戴礼、小戴礼，施氏易、孟氏易、梁丘易、京氏易，严氏公羊，谷梁春秋等专经博士，除谷梁春秋不很典型外，其余全属今文经。这样一来，过去研究传统学问的其他博士，甚至专门研究儒经古文的学者均被排挤到官学之外，只能通过私学的形式保存下来，没有地位和有力的支持。① 政治对教育发展的严重干扰以不同于秦代"焚书坑儒"的形式再一次出现，大大限制了教育自身的繁荣发展。

根据规定，博士须专精一经，有自己的一家之言，教授方法主要是口授。但口授容易在口耳相传中出现疏漏或误传，为了有所凭借和遵从，必须打出名儒的招牌，这样便出现了所谓的"师法"。重师法在西汉时成为教育的主要特色之一，目的是要求教授者言有所本。随着教学研究的发展，仅遵从师法已显现出相当的局限性，新的见解与方法难以发挥和运用。为了解决这一问题，在教学过程中，各经师博士逐渐形成的教学和研究风格得到了承认和欢迎，出现了各自的"家法"。弟子门生按其师法讲经，便称为"守家法"，这在东汉时已较为突出。通常，师法重传授、明本源，家法重立说、争派别，先有师法而后能成一家之言。在有限的儒学范围中，为教学与研究的相对活跃提供了一定的条件。

汉时博士的选择有一个变化的过程。开始主要由学界名流充任，用征拜、荐举、求访等方法搜求，没有考试的程序，虽然大多数博士名副其实，但也有徒有虚名者。至东汉时，博士的遴选增加了考试的办法和程序，荐举之人还须写"保举状"，要求相对严格了。西汉时使用博士的标

---

① 王莽推行新政时，曾立左氏《春秋》、古文《尚书》《毛诗》《逸礼》等古文经博士，但时间很短，仅是昙花一现。

准大致为汉成帝阳朔二年所规定的"明于古今、温故知新、通达国体"①等内容。至东汉，规定较细，在保举状中均有具体的标准，一般要求有相当的德望，对《五经》中之一经及《孝经》《论语》等须精通，有着较为广博、深邃的思想和知识，特别要注意那些隐居乐道、不求闻达的山野高人。既不能与朝廷相抵触，又不能患严重疾病，行为要合乎当时选士的标准，即要淳厚、质朴、谦逊、节俭，甚至还规定年龄须在50岁以上，有过教授门徒50人以上的教学经历。学官平时有国家提供的俸禄，每遇释奠乡射之礼，在讲论之余还可因其水准和皇帝的兴趣获得奖励。② 由于当时任职的收入标准相当高，所以其社会地位也较显贵。起初，其年俸在400石左右，后升至600石，相当于中等以上官员的水准，而且在某些礼仪和待遇上与一些高级官员平起平坐。他们除教授弟子研读经书外，还常与朝廷命官要员一起商议国事，随皇帝体察地方民情、吏治等情况，对政治的参与非常多，升迁的机会和途径也优于一般人。即所谓"博士选三科，高为尚书，次为刺史，其不通政事，以久次补诸侯太傅"③。据两《汉书》记载，当时由博士升为公卿者比比皆是，身居相位者也大有人在。由于博士地位的提高，对当时发展教育、移风易俗均有积极的促进作用。

汉代的学校教育教学管理是较为具体和周密的，对校舍的选择、师生的要求、授课与考试举送人才、学规制定等均有严格的规定，而且还将君主视学观礼定为常制。作为汉代最高学府的太学，因其兴办主要由皇帝定夺，所以太学生均被视为"天子门生"。东汉时，天子视学观礼，参加学术研讨已被视为常制，有时皇帝还要亲自讲诵或考问弟子，对于教学内容和效果作亲身的考查和体验。

地方官学由于按地方行政系统设置，所以与地方政治、经济、思想、科学、文化、社会发展有着极密切的关系，地位也与太学中的博士相类

---

①《汉书·成帝纪》。
②参见《后汉书·先武本纪》及朱浮、恒荣等人传。
③《汉书·孔光传》。

似。除主要从事教学活动外，还是地方行政长官的顾问。地方教育员通常称郡国文学，又称文学掾史，其中主事者称文学主事掾史，相当于博士祭酒之职。郡国文学的人选一是由太学毕业生充任，起初太学生凡经岁试能通一经以上者，可补地方文学掌故之缺；后者明确规定，固定由丙科及格者充任郡国文学。二是通过选士途径发现人才，由地方长官委任，也可以由地方长官根据需要自行招聘学有专长者。地方教育官通常在地方上有一定名望，品秩也比一般地方官员高。汉元帝时置五经学官百石俸禄，为当时汉地方学立品秩之始。根据和效仿太学管理模式，师生由地方长官选任，主要以通明经术为教学目的。与天子视察太学相对应，地方长官也须经常到当地官学中视察，通过讲课、接见师生、检查学业、参加学术讨论来提高学校的威望和影响，甚至有时向师生征求对地方政务的意见和建议，把地方官学视为地方文化的一个中心或智囊机构。当然，地方官学在汉代较之太学还很不完善，缺少严格统一的要求和管理措施，学校的规模、规格、管理方法、毕业生选用等主要取决于地方长官的兴趣、意志、修养等偶然因素，因此，各地区教育发展的情况极不平衡。

汉以后经魏晋南北朝，在教育管理方面摸索出了一定的经验。隋朝重新统一全国之前，在教育管理方面随着法律政令的健全而逐渐正规化、系统化和制度化，由前朝演变而来的国子寺成为专门的教育领导管理机构，各方面的条件都对教育管理的发展和进步有益。另外，各类专业学校的设置和一些非正规教育的发展，以及"九品中正"和后来科举制对教育的影响日益加剧，都为教育管理的发展提供了新的课题，促使教育管理体制自身不断充实和完善。

晋武帝咸宁二年，晋朝在太学之属下又立国子学[①]，目的在于依《周礼·地官司徒》所云："师氏以德教国子……凡国之贵族子弟学焉。"进一

[①] 参见《晋书·武帝纪》。

步明确培养贵族子弟的方针与目的。至咸宁四年,该制度进一步完善,确立了国子祭酒、博士各 1 人,助教 15 人,国子学成为官方学制系统中最重要的部分被确定下来①,但是,直到惠帝元康三年才开始招收学生,规定五品以上子弟有入学资格。此后,在学制中形成了太学和国子学并立的局面。只有"五胡十六国"时期,多取法汉魏旧制,所以国子学曾被一度废止,只在后赵、前梁等朝恢复出现。魏晋南北朝时学校制度改革、发展的另一重要特点是,学校呈多样化。自汉代出现艺术类专门学校鸿都门学之后,便为儒家经学之外的专业类学校树立了典范。三国曹魏统治时期,曾在太学之外另设律学,据《宋书·百官志》载:"廷尉律博士一人,魏武初建,魏国置。"起初,在曹操秉政时,已有律博士的设置,到魏国建立之后,将有关教学进一步制度化。当时大臣卫觊奏"请置律博士,转相教授",因得到了魏明帝的批准而付诸施行。② 此后两晋、南朝和北魏均有律博士之制,至北齐时律博士又增至 4 员,隋扩为 8 员,唐时恢复旧制,设一博士、一助教。魏晋及南朝将律学隶于廷尉,北齐时转至大理寺,至唐隶国子监,正式归入官方正规教育系统。

此外,书学在鸿都门学的基础上又有发展,据《晋书·荀勖传》载,晋时已"立书博士,置弟子教习,以钟、胡为法"。后魏、西魏、北周时也有书学,朝廷置书学生令其传习。③ 这类学校发展促进了社会对书法艺术的追求,既奠定了书法在中华文明历史中的地位,又为隋唐在中央六学二馆学制系统中建立书学开启先河。算学自古被纳入"六艺"之中,但作为专门学校则始于魏太武帝之时。此前,掌算数事务之职,多在史官,与天文、历法等相同,而不列于国学。④ 后魏孝文帝太和十七年,诏令中有关

---

① 参见《晋书·职官志》。
② 参见《三国志·卫觊传》《晋书·刑志》。
③ 参见《通典·职官典·秩品》,《周书·冀俊传》。
④ 参见《唐六典》"算学博士"注。

于算生之制的内容。① 至北周则有算法生之制，②这些都是隋唐将算学纳入中央"六学"教育系统的重要借鉴。医学自古以来便受到官民的共同重视，有着重大的发展。起初，朝廷主要是设医官，医生来源或从私传家学中征召，或在医署之中培养，"世袭"或师徒制是主要教学方式。至刘宋元嘉二十年，太医令秦承祖奏置医学，以广教生徒，③可以视为中国官方通过专业学校形式进行医学教育之始。至后魏太和年间，明确设置医博士、助教等教育官员④。周时则有医正之设，统领医生300人，⑤规模已相当可观，为隋唐医学教育进一步系统化进行了有益的探索。只是由于医学教育实验性、专业性和操作性都太强，所以只能始终在医疗管理机构之中设立，不能自行独立。与上述各学相近，后赵石勒兴办的"四学"和刘宋时文帝所设的"四学"、明帝所设的"五学"，也都成为有相当影响的新式学校类型。石勒于晋大兴二年称赵王于襄国后便建置官署，其中以从事中郎裴宪，参军付畅、杜嘏并任经学祭酒之职；参军续咸、庾景为律学祭酒；任播、崔濬为史学祭酒；中垒支雄、游击王阳并领门臣祭酒，⑥出现了经学、史学、律学、门臣学并列的学制，并在学制体系中设置了所谓的"小学"⑦。这种超常的发展一方面反映了后赵政权对文教的重视，同时也说明当时的统治者已有意打破汉代以来儒学独尊的格局，通过四祭酒之设将学术思想分而为四，出现了横向联系和地位相当的平列学校关系。当然，由于在学制上仍以太学，以及后来与之并列的国子学为最高档的学校，所以儒学的独尊地位仍未被动摇。刘宋之时，文帝于元嘉

---

① 参见《魏书·官氏志》。
② 参见《通典·职官典·秩品》。
③ 参见《唐六典》"医学博士"注。
④ 参见《魏书·官氏志》。
⑤ 参见《唐六典》"医学博士"注。
⑥ 参见《魏书·载记》、《十六国春秋辑补·后赵录三》。
⑦ 据《十六国春秋辑补·后赵录六》所载，建武五年（公元339年）条云："初，（石）勒置大、小学博士，至是复置国子博士、助教。"

十五年仿后赵之制设四学,其中"立儒学馆于北郊,命雷次宗居之"①。《宋书·雷次宗传》云:"元嘉十五年,征次宗至京师,开馆于鸡笼山,聚徒教授,置生百余人。会稽朱应之、颍川庾蔚之并以儒学监总诸生。时国子监学未立,上留心艺术,使丹阳尹何尚之立玄学,太子率更令何承天立史学,司徒参军谢元立文学,凡四学并建。"这不仅在当时传为学术文教领域之美谈,在教育史及思想文化史上亦是重要的实践。在汉魏史学大发展、玄学之风日盛、文学理论日趋成熟之际,出现了与儒家经学并立而存的史学、玄学和文学三大类专门学校,不仅说明了学术思想走向多样化,也反映了汉魏南北朝之时文教事业的进步,直接为隋唐学制提供参照。无怪《南史》赞曰:"江左风俗,于斯(刘宋)为美,后言政化,称元嘉焉。"

值得重视的是,在隋唐之前体制改革的一个重大事件即国子寺(监)的建立。以往,国立各学隶属于太常寺之下,至北齐朝廷在太常之下专设国子寺这一行政部门,专管全国的教育管理事宜。据《隋书·百官志》记载,北齐时所设国子寺为最高教育行政机构,有祭酒一人从三品,下设功曹、五官、主簿、录事员等。下属国学有博士5人,官五品,助教10人,从七品,学生72人;太学有博士10人,从七品,助教20人,从九品,学生200人;四门学有博士20人,正九品上,助教20人(品阶不明),学生至300人。这样一来,教育终于成了一个独立系统,在一定程度上远离了宗庙系统,在专门官属国子寺的直接统辖之下朝着教育系统化的方向发展。当然,这个系统的初步完善是有着一个较长的过程的,起于北齐,完成于隋朝,充实于唐代。

---

①《南史·宋文帝纪》。

第四章　隋唐五代时期的教育

第一节　教育制度的变革

汉代学校制度和文教政策的变革与确立为此后千余年教育的发展奠定了基础,但是其中许多具体内容和环节还很不完善,有赖日后的补充和发展。经过魏晋南北朝将近四百年割据分裂之后,隋朝又建立了一个统一昌盛的强大帝国。虽然隋朝短暂,很快为唐取代,但在许多方面都为唐代的发展开辟了道路、进行了探索,为中国历史和教育史的又一次大发展作了重要准备。如果说我国古代官学教育制度确立于汉代,在魏晋南北朝时兴时废的话,那么隋唐时期就是其全面发展之时。

和汉代统治者一样,隋唐统治者为了加强中央集权制和利于统一,在教育上吸取了汉末以来的经验教训,采取了一系列相应的措施,并在诸多方面有所建树。隋朝初年,文帝颇重视兴办学校,并在借鉴前朝的基础上设立国子寺[开皇十三年改名国子学,大业三年改为国子],而且还脱离了太常寺的统管。起初,其下设国子学、太学、四门学三学,后增设书学、算学两学,合为五学。当时律学虽已设立,但不属国子监而隶属大理寺。文帝晚年,自"遣派十六使巡省风俗"之后,发现国内学校空设,未足造就人才,而在学校之外却不乏有才智之人。于是在仁寿元年下诏曰:"国学胄子,垂将数千;州县学生,咸亦不少;徒有其名录,空度岁时。未有德为代范,才任国用;良由设学之理,多面未精,今宜简省,明加奖励。"命令国子学仅留70人,将四门学及州县学并废。同年秋七月,又改国子学为太学,只置博士5人,实又取缔国子学。当时前殿将军名儒刘炫曾上表力谏不可,但文帝坚持不从。① 炀帝即位之后,下诏征集学行优敏者,由朝廷予以不等的待遇。同时要求整饬学校的功课,加强管理,谓"国子学等亦宜申明旧制,教习生徒,具为课试之法,以尽砥砺之道"。只因当时政权不稳,戎马未息,所以,炀帝虽然"复开庠、序、国子、都县之学,盛于开皇之初"。但事隔一久,便出现"师徒怠散、盗贼群起,空有建学之名,而无弘道之实"的情况。② 在隋朝三十多年的统治之中,学校制度在上承前朝遗制的基础上已有一定的建树,而真正的巩固和发展有赖于唐朝。

唐朝是中国古代社会发展的鼎盛时期。在政治、经济、军事、外交、法律、文学、艺术、思想、文化、科学、教育等诸方面均对中国历史的发展和世界文明作出了突出的贡献。唐初的统治者认真吸取了隋朝迅速灭亡的历史教训,从各方面思考改进的措施,努力健全有关制度,很快便出现了"贞观之治"的盛况。在教育发展方面,唐代是重要的发展时期,在集前代各类学校教育经验成果之大成的基础上,唐代建立了有史以来最完备的学校教育系统。隋文帝开皇年间的学校制度主要是通过开皇二年所定的律令确定下来的,③唐初律令一般认为是以此为蓝本。唐代自高祖武德以后,修撰、订正律令之事经常进行,据《唐书》《通典》《唐六典》《唐会要》《册府元龟》等记载,在著名的武德令、贞观令、永徽令、垂拱令、神龙令、开元七年令、开元二十五年令等中,有学令的主要是武德令、贞观令、永徽令、开元二十五年令等,开元七年令虽取消学令名目,但在相关篇目中,如祠令、选举令、考课令等中,仍保持了有关内容。学令是以法律政令形式规定的规章制度,在文教领域及社会上均有权威性,是学

---

① 参见《隋书·文帝本纪》。
② 参见《隋书·儒林传序》。
③ 参见日本仁井田陞《唐令历史研究》日文版第10页。

制法制化的标志。通常人们认为,学令最早出现于晋朝的泰始令中,此后历经南北朝隋唐而不变,且时有丰富,是学制演进和发展的重要记录。在唐朝初年百废俱兴的年代里,学制迅速地建立起来。高祖初登帝位之后便下令振兴国子学,置生员72人,取三品以上子孙入学;立太学,置生员140人,由五品以上子孙入学;设四门学,置生员130人,规定七品以上子孙入学。郡学置生60员,中下郡各置50员;上县学40人,中县30人,下县则只有20人。武德四年时又在门下省置修文馆,招收皇亲国戚及尚书大功子孙入学。武德七年再次下诏兴学,令"吏民子弟有识性明敏,志希学艺,亦具名申送,量其差品并即配学。州县及乡各令置学"①。太宗即位之后,唐代教育各方面的建树日趋完备,学制也有发展。贞观元年,改建门下省之修文馆为弘文馆,聚四部群书二十四万余卷,精选天下贤良文学之士虞世南、褚遂良、姚思廉以本官兼学士,以褚遂良为馆主,讲文义,商量政事。贞观二年复置书学与算学。贞观三年诏谕诸州设置医学。贞观六年恢复律学。贞观十年再置东宫内之崇贤馆。据《旧唐书·儒林传序》载,当时尽召天下惇师老德以为学官,广舍1200区,增益学员,初步形成由国子监所辖之"六学"及东宫、门下省所辖之"二馆",以及地方郡县学、州医学等具有相当规模的学校教育系统。不仅如此,当时在屯营、飞骑之中亦置学生,遣博士专门教授之,而且周边各族及邻国,如高丽、新罗、日本、高昌、吐蕃等相继遣子弟来长安求学,仅学生数当时就达八千多人。高宗龙朔二年,唐朝在东都洛阳再置国子监,将所增置生员分于两都教授,并将显庆三年所废之书、律、算三学重新恢复起来,只将书学改隶兰台,算学改隶秘书监,律学改隶详刑寺,中宗、玄宗等注重兴复学校,健全制度。开元七年敕州县学生选送"聪悟有文词史学者"入四门学为俊士,贡举不第愿入学者亦听,后世贡举人监之制由此始。此

①《旧唐书·礼仪志四》。

外,当时还规定了学生补阙之制,凡国子监所管学生由尚书省补,州县学生由州县长官补,明确规定允许百姓任立私学,愿寄州县学受业而不入籍者亦可。开元十一年置丽正书院,置文学之士徐坚、贺知章、张说等人,主要负责修书、侍讲等事宜,开元十三年改称集贤书院,以五品以上为学士,六品以下为直学士。开元二十六年令天下州县每乡各置学,择师教授生徒。开元二十九年,为了树立正宗,推广道教,又在尚书省祠部之下设置崇玄学,分两都教授,学生至百人。天宝七年再于国子监中增置广文馆,以郑虔为博士,专领附监修习进士业的学生。可见,在唐初至天宝年的百余年间,唐朝不仅国势强盛,而且学制健全,下面便根据《唐六典》《唐会要》、新旧《唐书》等有关史料,将唐代各级学校学生及有关情况分表列出,以供参考:

表一:唐代中央官学系统分类表

隶属单位	学校种类	教师额	学生额	招生对象	学习内容	备注
国子监	国子学	博士2 助教2	300	三品以上子孙	分《三礼》《毛诗》《左传》等专业,兼习《易》《书》《公羊传》《谷梁传》,兼通《孝经》《论语》等,间习时务策	国子监分设两部,各有六学。其中算学曾一度隶秘书监,律学隶详刑寺,书学隶兰台。除律学生年龄要十八至二十五岁外,余皆十四至十九岁。另,此表省"广文馆"内容
	太学	博士3 助教3	500	五品以上子孙		
	西门学	博士3 助教3	1300	七品以上子孙及庶人俊异者		

隶属单位	学校种类	教师额	学生额	招生对象	学习内容	备注
国子监	书学	博士2	30	八品以上及庶人通其学者	古石经、《说文解字》《字林》，兼习各种书法	
	算学	博士2	30	八品以上及庶人通其学者	《算学十经》，兼习《记遗》《三等数》等算学著作	
	律学	博士1 助教1	50	八品以上及庶人通其学者	以法律为专业，分格、式、法、令科习之。	
门下省	弘文馆	无定额	30	皇亲国戚尚书大功子孙	主学书法，兼学经史，如国子监国子学之制	初称"修文馆"，贞观元年改
东宫	崇文馆	无定额	30	皇亲国戚尚书大功子孙	主学书法，兼学经史，如国子监国子学之制。	初称"崇贤馆"
祠部	崇玄学	博士1 助教1	两部各100		习《道德经》《庄子》《列子》《文子》等书	为避玄宗讳，曾改称"崇元学"
太医署	医科	博士1 助教1	40		习《本草》《甲乙经》《脉经》，分体疗（内科）、疮肿（外科）、少小（儿科）、耳目口齿（五官）、角法（针灸等）进行学习	其管理及考试等如国子监之制

隶属单位	学校种类	教师额	学生额	招生对象	学习内容	备注
太医署	针科	博士1 助教1	20		习《素问》《皇帝针经》《明堂脉诀》《神针》等书九种针法	
	按摩	博士1	15		习消息导引,以除八疾,又学治损伤折跌之法	
	咒禁	博士1	10		佛道咒禁术	
	药师		16	庶人16～20岁者	学种药、识药及其保管储藏等知识	
太卜署	筮卜	博士2 助教2	45		学卜筮、占算之术	
司天台	天文	博士2	150		观测天文,天文生按年补为天文观生	司天台有时亦称"太史局""浑天监""浑仪监""太史监"。天文博士曾称"灵台郎"。据载漏刻博士二十人
	历数	博士2	41		学历法、算学等书	
	漏刻	博士6	360		掌漏刻之节,以时唱漏,后补为典钟典鼓	
太仆寺	兽医	博士4	100		习兽医之书,兽医之法	
校书郎	校书		30		习校勘、整理古籍的各种知识技法	

隶属单位		学校种类	教师额		学生额
			博士	助教	
京都学（包括京兆、河北、河南、太原等地）		经学	1	2	80
		玄学	1		
		医学	1	1	20
都督府学	上	经学	1	1	60
		医学	1	1	15
	中	经学	1	2	60
		医学	1	1	15
	下	经学	1		50
		医学	1	1	12
州学	上	经学	1	2	60
		玄学			
		医学	1	1	15
	中	经学	1	1	50
		玄学			
		医学	1	1	12
	下	经学	1	1	40
		玄学			
		医学	1	1	10
县学	京县包括长安、万年、洛阳、太原等	经学	1	1	50
	畿县包括京兆、河南、太原所管诸县	经学	1	1	40
	上	经学	1	1	35
	中	经学	1	1	35
	中下	经学	1	1	35
	下	经学	1	1	20
市镇里学		无明确详细规定			

从表中可以看出，唐代的学制是相当完备的。在继承汉代体制、吸收魏晋以来各方面经验教训的基础上，更加成熟。首先，在学制中的等级色彩更加明显，六学二馆的入学条件非常明确和苛刻，唯一的标准是出身皇亲权贵。这种等级制教育的完备说明了唐代教育在古代教育发展中的地位，后代各朝凡订学制，均以唐朝为成式定法，极力模仿之，附近邻国如日本、朝鲜等亦如此。其次，唐代虽然表面上实行"三教并重"的政策，但仍以

儒学居主导地位。佛学虽昌盛,但无学校教育,只在寺院内外保持一些不正规的教育;崇玄学在中央及地方均有设置,但其规模和影响均很有限;只有儒学教育正规而且规模庞大,保持着在教育上的绝对优势。再次,唐代的专业教育,尤其是科技教育受到了充分的重视,从上表可以看出:在中央和地方官学中,专业及科技教育所占有的比例是相当可观的,算学可与国子监其他五学并列,医学虽为太医署所辖,但也是独立而且规模很大的教育机构,天文、历法、兽医、卜筮、校书等专业教育普遍存在,极大地丰富和充实了当时的教育领域,为教育体制的完善和充实提供了有益的实践经验。复次,学校类型的创新与变化更多,当时不仅有六学二馆、地方学校,还有专为科举考生办的预备学校"广文馆",以修书、侍讲为主的丽正书院,也有专为御林军飞骑、屯营等兴办的临时军政学校等,如此,则在全社会可以形成崇教重学的良好风气和时尚,为教育的发展和制度的完备奠定坚实的基础。最后,许多政府专业职能部门参与教育,除国子监外,属下有教育机构的还涉及门下省、东官、祠部、太医署、太卜署、司天台、太仆寺、书院、兰台和详刑寺、秘书监,以及府、州、县地方行政部门。如此,教育制度的确立和教育的具体实施就有了各专业对口部门和行政领导部门的支持,甚至被视为官政评价的重要内容之一,为唐代的教育大发展提供了有效的保证。据玄宗朝在唐求法的日本名僧空海大师说:"大唐域,坊坊置闾塾,普教童稚;县县开乡学,广导青衿。"①他在唐时为公元 804 至 806 年,虽是"安史之乱"以后,但唐时因教育制度完备而导致的教育发展仍可清晰见到,说明唐代在教育制度发展上所作的贡献是巨大的,在中外教育史上也确有较深远的影响。可以说,中国古代学校教育的发展至隋唐已经定型且相当成熟,后世及周边各国均以此为圭臬而极力效法之。

第二节　科举制的建立

中国古代的教育是"养士教育",而养士的目的在国家能随时取而用之。因此,选士成为中国古代发展教育的同时最受重视的主要管理工作。汉代以

---

① 参见《弘法大师全集·性灵集力》。

选士制与学校制并行,学校在选送人才上有一定的独立地位和自主权。至魏晋南北朝之后,豪门士族把握朝政大权,实行"九品中正"之制,把选士权牢牢地掌握在自己手里,出现了"上品无寒门,下品无士族"的只重"门荫"关系的情况,士风日坏,学校日衰,选官"操人主之威,夺天朝之势"①,集权统治受到了威胁。鉴于这种情况,魏晋之时已采取措施,欲加强考试,罢门资之制,②但因豪门世族势力方兴未艾,察举仍作为权贵们的特殊权益延续了近300年。当然,考试因素的加强为隋唐实施科举之制作了有益的尝试。而更重要的是西魏至北周之时,著名社会改革家宇文泰所进行的改革。在他的指使下,苏绰曾于西魏时拟定了《六条诏书》,其中在教育和选士方面明确提出"征魏齐之失,罢门资之制",选人"当不限资荫唯在得人"③,沉重打击了豪强势力,为隋唐在选士制度上的"革命性"改革减少了阻力。

到了隋朝,豪强大族已失去往日独揽朝政、不可一世的骄横和政治上的垄断地位,同时,庶族势力得到发展,并要求参与社会政治。根据前朝经验,隋朝统治者把集中选士大权作为实现和巩固其统治的重要步骤。隋炀帝大业二年,正式设置进士科,实行策试取士之制,④此乃公认的科举制之始。大业三年,炀帝诏谕"天下之重,非独治所安,帝王之功,岂一士之略。处自古明君哲后,立政经邦,何尝不选贤与能,收采幽滞。……夫孝悌有闻,人伦之本,德行敦厚,立身之基。或仪节可称,或操履清洁,所以激贪厉俗,有益风化。强毅正直,执宪不挠,学业优敏,文才美秀,并为廊庙之用,实乃瑚琏之资。才堪将略,则拔之以御侮,膂力骁壮,则任之以爪牙。爰及一艺可取,亦宜采录,众善毕举,与时无弃。……文武有职事者,五品以上,宜依令十科举人。有一于此,不必求备。朕当待以不次,随才升擢"⑤。在开进士科的同时又提出了十科举人的制举科目,包括孝悌有闻、德行敦厚、仪节可称、操履清洁、强毅正直、执宪不挠、

---

①《晋书·刘毅传》。

②参见《魏书·明帝纪》,《晋书华谭传》。

③参见《周书·苏绰传》。

④对此《隋书》及《资治通鉴》均未载,此说主要见《通鉴纲目》,而从唐人著述如《大唐新语》《通典》等为其佐证。

⑤《隋书·炀帝纪上》。

学业优敏、文才优美、才堪将略、膂力骁壮等,其中大部分为唐代科举直接继承。

隋代实行进士科举后,地方贡举选士仍未断绝,所贡孝廉、秀才与以前人数相当。即所谓"大唐贡士之法,多循隋制。上郡岁3人,中郡2人,下郡1人,有才能者无常数"[1]。而且至唐朝时,科举制也并非唯一的仕途,"门荫"以及各种优待办法仍对高官贵胄有益。正如《新唐书·选举志》所言:"唐取人之路盖多。"这是因为,由察举向科举转变需要有个过程,而且,隋唐统治者也要采取各种办法来搞平衡,分配权益,既要使庶族有参政的机会,又要使贵族保持一定的特权,扩大其政权的社会基础,借以加强和巩固皇权。和前代察举贡士不同者在于,此前选士以所谓德望为重,才学次之,先由州郡长官举其所知,表奏于朝,再由朝廷加以策试。起初,这种举士之法的确选拔了一些有真才实学者,但后来贡举完全被豪门把持,寒门庶族与仕途无缘。从隋唐开始的进士之法,则由州郡长官策试于前,层层筛选之后才由朝廷最后策试,录取的关键在才学和智谋,而不在所谓德望,在相当程度上剥夺了权贵们营私的特权。可见,进士科设置之后,结束了数百年来实行的乡举里选之制,开辟了后世1300年间科举考试之途,对中国古代的学校教育,乃至政治、经济、思想、文化、社会习俗等均产生重大的影响。

唐因隋制,使科举取士制度逐渐趋于完善。当时设科举取士主要有三大途径:一由学馆出身,名曰生徒;二由州县考选送至朝廷,名曰乡贡;三由天子自诏考选,名曰制举。前两类都设一定科目,内容大体常年不变,时称"常科";后一类一般出于朝廷临时之人才需求,或由天子个人好尚而定,以不拘常格形式"待非常之才",其名称时常变化,甚至有"不求闻述""高蹈邱园"等名目,整个唐朝200余年中前后不下八九十种[2],时称"制举"或"特科"。

常科在隋唐科举中占主要地位,起主导作用,吸引学子的人数也最

---

[1]《通典·选举》。
[2]据王应麟《困学纪闻》载,唐科学之名多至八十六种,凡七十二科。其中文类约十五科,武类约八科,吏治类约十二科,长才类约五科,不遇类约六科,儒学类约六科,贤良忠直类约八科,另有其他若干类科。

多。其所设科目主要有六种：一曰秀才科，二曰明经科，三曰进士科，四曰明法科，五曰明书科，六曰明算科。此外，尚有俊士、一史、二史、三传、开元礼、道举、童子、弘文崇文生举等科。前六种称为常行之科，后数种则为非常科，前六种之中以明经、进士两种为最盛，在唐及以后的科举制度发展过程中一直居于首位。秀才之名本自汉代，隋唐之时以此科为最高、最难之科，欲在贤中拔才，只因选取标准过高，所以整个隋朝所取不过十人，唐时也很少，科举最盛时每次不过一两人。又因为贞观年间朝廷有秀才"举而不第者坐其州长"的规定，所以地方长官很怕因贡举秀才丢掉官职，因此至高宗初年秀才科便停止了。玄宗开元年间虽有几次考选，但登第者绝少。相对而言，明经考试较易，大致10人中可取一两人，每次及第者将近百人，是文人士子主要的入仕之途。进士及第虽难，大致百人中只取一两人，唐代两百余年间只有三千余人中第。① 但由于高宗、武后、玄宗等人特别提倡对文学的褒奖，使得进士成为文人中最值得夸耀的殊荣，也逐渐成为举子入仕的主要途径。玄宗时掌选的礼部员外郎沈既济曾描述了武则天以后唐代进士的盛况，他说："太后君临天下二十余年，当时公卿百辟无不以文章达，因循日久，寝以成风。至于开元天宝之中……太平君子唯门调户选，征文射策，以取禄位。……大者登台阁，小者任郡县……五尺童子耻不言文墨焉。是以进士为士林华选，四方观听，希其风采，每岁得再次人，不浃辰而周闻天下，故忠贤隽彦韫才毓行者咸出于是。"② 明经科尚有兴衰之时，然进士科却得入日盛，地位日显尊贵，"绅虽位极人臣，而不由进士者终为不美"③。由于进士科举名声好听，仕途也优于明经，所以"应诏而举者，多则2000，少犹不减千人"④，是士人竞相趋赴之科。

科举考试虽门类较多，但核心内容却主要是儒家经典，初唐孔颖达、

---

① 参见《文献通考·选举》。
② 参见《通典·选举》。
③ 《唐摭言·散序进士》。
④ 《唐六典·尚书礼部》。

颜师古等人所撰之《五经正义》及其注疏即为教学及科举考试的标准本。其考试方法不外是口试、帖经、墨义、策问、诗赋等五大类，根据统治者的需求和愿望而时有变化。唐代统治者实行科举制完全是出于维护其统治的目的。初唐之时，唐太宗常到端门观看新科进士的考试，用他的话说，学者士子趋奔科场，乃"天下英雄入吾彀中矣"①，明显地表现出其集权的强烈欲望和实施科举制的目的。在大力发展教育的同时，通过科举来笼络人才、控制思想的确是隋唐统治者的一大发明。当科举制成为一种固定不变的主要仕途之后，学校就逐渐变为科举的附庸，失去其相对独立的地位。庶族平民幻想着"一登龙门，身价十倍"，甚至"鸡犬升天"。但实际上能够顺利学习成才的主要还是权贵子弟，贫寒之士侥幸入仕者也只是点缀而已。对教育发展而言，其最初实行之时确有一定促进作用，在权势、门第之外，知识和才能也成为入仕的重要条件和资格。学馆生徒成绩优异者可由馆监选送尚书省应试，私学家传者虽未能入学馆，但也可通过县、州二级考试和复试，最后进入省试、殿试。儒家"学而优则仕"的思想似乎得到了充分的体现，学校也似乎与选才举士之制并驾而行，地位相当了。唐玄宗之时甚至为了校正重科举、轻学校的时弊，于天宝十二年数令"天下罢乡贡，举人不由国子及郡县学者，勿举送"②。但事隔二年，贡举就又恢复了。文宗太和七年，朝廷也曾规定"公卿士族子弟，明年之后，不选入国学习业，不在应明经进士之限"③。但自武后以来逐渐发展的偏重科举倾向已经明显形成，使科举与学校的协调和配合变成了附庸和矛盾的关系，在日后的 1300 多年中，这对矛盾一直没有处理好。

---

① 参见《唐摭言·棕进士上篇》。
②《新唐书·选举志》。
③《册府元龟·贡举部·条制三》。

第五章　两宋时期的教育

宋代是我国封建社会发展史中的一个重要阶段,它分为北宋(960—1127)和南宋(1127—1279)两个时期,在历史学界习惯称宋代为两宋。两宋不仅是中央集权制和社会经济得到巩固和发展的时期,而且也是上层意识形态领域的变革和发展的重要时期。以新生的理学为主体的学术思想,刷新了汉唐以来的以经学为根本的儒学精神,形成了"新儒学"思想体系,改变了中国学术思想的面貌和发展方向。由于两宋时期学术思想活跃而丰富,封建商品经济有了很大发展,因此科学技术也有了长足进步,如印刷术的发展和传播等,大大加速了文化的传递和发展。所有这些,均为两宋时期教育的发展创造了环境与条件。

另外,两宋时期由于赵宋王朝采取重文轻武政策,国防松弛,所以北部中国的少数民族政权,特别是辽、金政权,时时给宋王朝武力威胁,迫使宋王朝在军事上疲于奔命,在经济上积贫积弱,同时不断地激起局部地区的农民起义。在 220 年的历史中,民族矛盾和社会矛盾的长期交织存在,使得宋王朝的专制统治时常处于危机状态之中。在这种情况下,国家统治集团不得不把社会、政治、经济、文化和教育的改革问题作为现实的重大课题来思考和探究。作为文化与教育方面的改革,其目的旨在加强思想控制,培养经世致用的人才,以巩固封建纲纪,加强官僚队伍建设,从而维护宋王朝的专制统治。在两宋,发生了北宋时期的三次兴学运动,王安石的教育改革,推动了以理学家为主体的书院教育运动,出现了规模宏大且历时持久的理学教育思潮,等等,所有这些,都有力地促进了中国古代教育由汉唐时期的经学型教育向理学型教育的历史转化,形成了宋代教育变革的特征。

第一节　兴学运动

　　北宋初，由于改朝换代急需各级各类从政人才，所以封建统治者极注重以科举来取士。科举取士是隋唐创立的选士制度，这一制度不仅在政权巩固时期有利于官僚队伍的巩固，而且在政权草创时期也极有利于各级政权的建设，所以北宋初采取科举取士，大批网罗人才，不能说这不是一种明智之举。然而，北宋初期的统治者只知取士，而轻忽以教育来养士，以致竭泽而渔之后，出现了人才匮乏和士人无心向学而侥幸奔竞私门的局面。

　　士是历代王朝官僚政治赖以存在和发展的基础，要用士必须取士，取士必须养士。北宋初只重取用而不养士，很自然地要发生人才匮乏的不良后果。在北宋初也设有国子学（或称国子监），但这一最高学府只为少数贵族子弟开设，专收京朝七品以上官员子弟，而且学生在校数额也极有限。据《宋史·选举志》载，开宝八年，生徒仅有 80 人而已，而且尚有不少空挂学籍而久不到监者。"但为游寓之所，殊无肄习之法，居常听讲者，一二十人耳"。① 国子监生员少，学校规模亦小，至庆历兴学时，国子生增至 200 人，则学舍不能容。由此可见，北宋初年国家对学校教育的不重视。《文献通考》载：宋初"国子监以国子为名，而实未尝教养国子"。国学不兴，徒具虚名，而且把培养人才的范围局限于官僚贵族阶层，这势必造成人才缺乏而又难于兴学育人的结果。

　　随着养士教育基础的动摇，科举取士的弊端日益严重，社会矛盾也开始尖锐起来。一般说来，中央集权制的官僚政治不仅在于朝廷的决策是否英明，而且关键在于各级官僚队伍素质的优劣，如果官僚队伍素质太差，则吏治不清，矛盾重重。基础一动摇，上令不能下行，政治、经济的社会秩序自然混乱。在宋初的社会矛盾愈演愈烈的情况下，一些有识之士就提出在改革政治、经济的同时，要着实加强兴学育才，以巩固和改善

---

　　①《宋史·选举志》。

官僚政治的基础。

在北宋时期,先后出现了三次大规模的兴学运动。这些兴学运动均和政治、经济上的改革变法紧密相关,其核心是兴办造就治术人才的官学,调整科举考试与学校教育的关系,通过加强学校教育,为科举考试选拔合格人才,解决人才缺乏所造成的国家官僚政治基础薄弱和现实吏治不清的政治危机问题。

第一次兴学运动是由范仲淹发起的,因时值庆历四年(1044),故史称庆历兴学。

范仲淹少有志操,入仕途后,更是忧国忧民,据《宋史》卷314《范仲淹》载:"晏殊知应天府,闻仲淹名,召置府学。上书请择郡守,举县令,斥游惰,去冗僭,慎选举,抚将帅,凡万余言。……仲淹泛通《六经》,长于《易》,学者多从质问,为执经讲解,亡所倦,尝推其奉以食四方游士,诸子至易衣而出,仲淹晏如也。每感激论天下事,奋不顾身,一时士大夫矫厉尚风节,自仲淹倡之。"在任职应天府学的教授时,为"复古劝学",曾"教言兴学校、本行实"①。他力荐当时颇有影响的教育家胡瑗、李觏为学官,推崇胡瑗的苏湖教法。他曾上疏建言论议求才以兴学校,以为"君之盛德,莫于求贤"②。因为"臣之至忠,莫先于学士"③。士为国之本,要想治理好国家,必须求得贤才,而求贤才必兴学校,假如只重科举取士而不兴学校,就如同不问耕种只求收获。他说:"当太平之朝,不能教育,俟何时而教育哉?乃于选用之际,患才之难,亦由不务耕而求获矣。"④

庆历三年,范仲淹任陕西路安抚使建有边功,被谏官欧阳修等人推举,除参知政事。皇帝锐意太平,多次与范仲淹商讨改革时弊问题。范仲淹大力提倡革新政治,兴学育才,得到仁宗的赞赏,并得到韩琦、宋祁、欧阳修、蔡襄、王素等大臣的支持。是年九月,仁宗召大臣于天章阁议论

---

①②《宋史·选举志》。
③《范文正公政府奏议下·秦为荐胡瑗、李觏充学官》。
④《范文正公文集》卷八。

变革之事,范仲淹条奏十项改革议案,即明黜陟、抑侥幸、精贡举、择官长、均公田、厚农桑、修武备、减徭役、推恩信、重命令。这些改革建议被仁宗"悉采用之,宜著令者,皆以诏书划一颁下"①。范仲淹在这一奏议中明确提出改革科举的主张:"进士、诸科请罢糊名法,参考履行无阙者,以名闻。进士先策论,后诗赋,诸科取兼通经义者。赐第以上,皆取诏裁。余优等免选注官,次第人守本科选。进士之法,可以循名而责实矣。"②范仲淹的这一主张,得到大臣宋祁等的响应,宋祁等奏称:"今教不行于学校,士不察于乡里,则不能核名实。有司束以声病,学者专于记诵,则不足以尽人材。臣等参考众说,择其便于今者,莫若使士皆土著而教之于学校,则学者修饰焉。先策论,则文词者留心于治乱矣;简程式,则宏博者得以驰骋矣,问大义,则抱经者不专于记诵矣。"③改革科举和兴办学校的主张,得到仁宗的批准,并由欧阳修起草了《颁贡举条制敕》,颁行天下,由此兴学运动开始兴起。

兴学诏颁行以后,从中央到地方掀起了办学热潮。欧阳修《吉州学记》载:"庆历三年秋,天子开天章阁,召政事之臣八人,问治天下其要有几,施于今者宜何先?使出而书以对。八人皆震恐失位,俯伏顿首,言此非愚臣所能及,准陛下所欲为,则天下幸甚。于是诏书屡下,劝农桑、责吏课、举贤才。其明年三月,诏天下皆立学,置学官之员,然后海隅徼塞,四方万里之外,莫不皆有学。呜呼,盛矣!"王安石的《繁昌县学记》、尹洙的《岳州州学记》、范仲淹的《州建学记》和《饶州新建州学记》等,都详细记载了地方兴办州县学的经过与实况。庆历兴学运动倡自朝廷,它改变了北宋初数十年以来轻忽学校教育的现状,至庆历以后,州郡不置学者鲜矣。

地方学校,一般由州县兴办。庆历四年兴学诏规定"州县皆立学",与州县平级的地方行政有府、军、监等,亦兴办学校。州县学校由中央选派提举学事司常管督学政。在教育经费方面,凡立学者可赐学田,学田

---

①②《宋史·范仲淹传》。
③《文献通考》卷三十一。

为学校的固定收入,没有纳税义务。由此"学校之设遍天下"①。在兴学热潮中,由于管理地方教育的学政官加强巡视各地考察兴学情况过激,又加上一些人贪功好虚名,故盲目增建校舍,滥招生员,致使办学质量较差。李觏在《袁州州学记》中指出:"惟时守令有哲有愚。有屈力殚虑,只顺德意;有假官借师,苟具文书;或连数域亡诵弦声,倡而不和,教化不行。"②朝廷也认为,兴学必须解决师资问题:"今天下并建学,而所以训遵讲说之人未尽有也。"③由于北宋承唐末五代战乱之后,教育久已废弛,教育人才一时难得,从地方兴学的情况来看,先能建学,然后逐步解决师资问题,即用现代的话说,先普及后提高,应当说这是办学的必要过程。至于办学过程中出现一些不良现象,也是不足为怪的。

在中央官学的改革方面,增加了国子学和太学在校学生名额。《宋史·选举三》载:"凡学皆隶子监。国子生,以京朝七品以下子孙为之,初无定员,后以200为额。太学生,以八品以下子弟若庶人之俊异者为之。"国子学名额扩大至200,这是庆历兴学中对国子监的改革,尽管国子监为贵族子弟开设,但它毕竟扩大了学校的规模。太学是面向统治阶级下层的,使八品以下官员子弟也有了入学机会。据《宋史·选举三》记载:"太学生员,庆历尝置内舍生200人。"中央官学以200人为限额,这是庆历兴学中规定的学校规模。泱泱大国,如国子监和太学各只200人,为数的确太少。然而,万事开头难,国家久不兴学,读书风气极差,生源问题相当困难。不用说中央官学,就是地方州县学,虽然要求条件要低得多,但要招收200生员,其生源也有困难,有的地方州县就因为生源困难而开不成学。如王安石《慈溪县学记》载:"今天子即位若干年,颇修法度而革近世之不然者。当此之时,学稍稍立于天下矣。犹曰州之士满二百人乃得立学,于是慈溪之士不得有学,而为孔子庙如故,庙不坏不治。今刘君在中

---

① 《文献通考·学校考七》。
② 《李泰伯文集》卷二十三。
③ 《宋大诏全集》卷一五七。

言于州,使民出钱,将修而作之,未及而去,时庆历某年也。"①学生人数限额,这与宋王朝统治者强调学生出身品级及门第有关,官学为官僚统治者阶层所垄断,而且庆历兴学规定学生凡有在校学满300天者才有参加科举的资格,这本是制约科举的,但它事实上也考虑到在校人数的多少与科举取士人数的比例关系。仁宗时,每次取士以400人为额,因此学校生员人数也不宜太大,否则读书人多了,而仕途又无希望,也会造成新的社会矛盾。总之,庆历兴学旨在解决官僚队伍的素质问题,并以直接服务于官僚队伍建设需要为办学目的,所以在一定意义上讲,这种兴学教育只能视做政治改革的一个组成部分,因此局限很大。

庆历兴学在科举考试和教育内容上有所变革。北宋初取士科目较杂,范仲淹以为科举考试必须选取"通才之人","高识之士",而对当时科举考试"访以不急之务,杂以非圣贤之书"和"徒以记问为能"②等弊端提出尖锐批评。他主张科举考试先策论,后诗赋,试以六经、正史,这样才可以使士子关心时政,修习经济之业,才能选拔出"辅佐王道"为世所用的真正人才。科举考试内容的变革必须要求学校教育内容的调整。范仲淹指出:"学校劝学育材,必求为我器用,辅我风教。"③"圣人之法度存乎《书》。安危之机存乎《易》,得失之鉴存乎《乐》。"④他极推崇胡瑗的苏湖教法及轻辞赋而以经义治事的教学观点,主张以六经为科举考试和学校教学内容。庆历四年兴学诏曰:"儒者通天、地、人之理,明古今治乱之原,可谓博矣。然学者不得聘其说,而有司务先病章句以拘牵之,则吾豪隽奇伟之士,何以奋焉? 士有纯明机茂之美,而无正学养成之法,使贤不肖并进,则夫懿德敏行,何以见焉? 此取士之甚敝,而学者自以为患。夫遇人以薄者,不可贵其厚也。今建学兴意善,以尊子大夫之行,更制革敝,以尽学者之材。有司其务严训导,精察举,以称朕意。学者其进德修业,无失其时。其今州若县皆立学,本道使者选部属官为教授,生员不

---

① 《临川先生文集·慈溪县学记》。
②③④ 《范文正公集·上时相言制举书》。

足,取于乡里宿学有道业者。"①由此可见,庆历兴学对科举考试与学校教育内容是有所变革的。

变革教学内容,落实在教学实践上关键靠教官。庆历兴学中,为了改革教育目的与教学内容,一批名师硕儒被征聘到太学任教,如石介、孙复、胡瑗之辈,先后任教于中央官学。朱熹在《学校贡举私议》一文中记载:"仁宗之时,太学之法宽简,国子先生必求天下贤士,真可为人师者,就其中又择其尤贤者,如胡翼之之徒,使专教导规矩之事。故当是时,天下之士,来就师之。其游太学者,端为通艺,称弟子者,中心说而诚服之,盖犹有古法之遗意也。"②程颐在《回礼部取问状》中也称赞孙复在太学讲《春秋》的情形:"孙复丞复说《春秋》,初讲句日间,来者莫知其数,堂上不容,然后谢之,立听户外者甚众,当时《春秋》之学,为之一盛,至今数十年传为美事。"③庆历兴学对教学内容的改革,提倡重经、轻辞赋杂艺,不仅有扭转学风的实际意义,而更重要的是它开启了宋代通过经学的复兴而孕育了理学的萌芽,在理学的发生与发展史上,胡瑗、石介、孙复这 3 位宋初三先生,被公认为理学先驱,他们的教学实践开启了宋代理学教育的新风气。

第一次兴学运动,作为政治改革的产物,揭开了北宋时期的教育改革序幕,打破了近百年来的学校教育沉寂局面,在中国教育改革史上占有地位。然而,也正因为这次教育改革是政治改革的副产品,所以随着统治集团内部政治斗争的矛盾尖锐化,范仲淹被排挤出朝廷,兴学运动仅一年时间遂告流产。而后,虽州郡兴学诏未被撤销,但却有名无实。至于科举考试,"先朝所定,宜一切如故。前所更定,今悉罢"。苏轼曰:"庆历间尝立学矣,天下以为太平可待,至于今唯空名仅存。"④尽管如此,庆历兴学其功不可泯,因为它开启了王安石在神宗熙宁元、丰年间的第二次兴学运动先河。王安石和蔡京主持的两次兴学运动,大体上是沿着范仲淹的路线走的,只

①《宋史·选举三》。
②《朱文公文集》卷六十九。
③《伊川文集》卷六十九。
④《宋史·选举一》。

是在具体时间上有所进步，推进了庆历兴学运动的深入。

第二节　王安石所进行的教育改革

王安石的教育改革是继范仲淹之后的第二次兴学运动，从历史逻辑来看，它是庆历兴学的深入和发展，但从形式和内容来看，这次兴学与王安石变法紧密相连，更具有政治意义和实践开拓性，故在历史上影响深远，在中国教育改革史上占有重要地位。

王安石（1021－1086），字介甫，号半山，江西抚州临川人，人称临川先生。晚年封号荆国公，故人称之为王荆公。王安石出身寒门庶族"仕则有常禄，而居则无常产"的家庭，因其父过早离世，他青年时期受尽了生活与精神的磨难。在全家寄居江宁府时，生活甚为清苦，"母兄呱呱泣相守，三岁厌食钟山薇"①。宋王朝积贫积弱，土地兼并剧烈，社会矛盾尖锐，一些有识之士如李觏、苏轼等人，就土地问题提出变法主张，如李觏在《平土书》中提出恢复"井田制"以"均无贫"；苏轼主张"均户口"，即把一部分士大夫豪门富户迁于土地空旷而待开拓的地区，以缓和田赋不均的矛盾。而像张载等人则在乡间推行井田实验。总之，在社会矛盾不断加剧的情况下，一股社会、政治、经济、文教改革的思潮，继范仲淹主持的庆历新政失败后，潜滋暗长。"方庆历嘉，世之名士常患法之不变也"。②士大夫改变现状的要求愈演愈烈，打破了庆历新政失败后的政治消沉局面，同时在这股积极酝酿改革的思潮中，士大夫为作舆论准备，提出了"复古"的思想主张。当然，这种"复古主义"只是士大夫的一种策略手段，在此形式背后隐藏着政治斗争的丰富的现实内容。王安石生活在这样的时代和思想氛围之中，其思想意识打上了深刻的烙印。

庆历二年（1042），王安石考中进士，开始出任地方官。在地方任职期间，他深感社会矛盾尖锐，尤其贫富不均所造成的社会问题的严重，将

---

①《临川先生文集·忆昨诗》。
②《龙川先生文集》卷十七《铨选资格》。

不可避免地导致国家积贫积弱更加恶化。由此,他的改革思想越来越倾向"复古主义",尤其是倾向被时人啧啧非难的孟子。王安石认为孟子是孔子之后最伟大的儒者,他不仅继承和发展了孔子的仁政学说,而且还提出了"井田制"方案,企图通过这个方案解决因土地买卖而加速的土地兼并问题。王安石倾向"复古主义",相信孟子的学说,主张把"仁政"和"井田"作为解决现实问题的根本手段。在地方任职期间,王安石在一些感怀诗中写道:"俗儒不知变,兼并可无摧!"[①]"先王有经制,颁赉上所行。后世不复古,贫穷主兼并。"[②]"我尝不忍此,愿见井土平。"[③]他肯定社会的贫富现象是由兼并势力造成的,而帝王和国家对兼并势力的放纵,官府和官吏对农民的掊克诛求,亦是促成贫富悬殊的重要原因。为解决这一严重的社会根本问题,王安石主张变法,凭借强大的国家政权力量摧毁兼并势力,同时通过教育改革手段来整顿吏治,改变现有法度,使之合乎"先王之政"。

嘉祐三年(1058),王安石向仁宗提出了利用国家政权作为改革工具以及如何改革的主张,这些主张均反映在长达万言的《上仁宗皇帝言事书》中。王安石主张要因时变法,使之能够符合"先王之意",同是变更法度又必须牵连到当前官僚制度问题。根据儒家"人存政举""徒其法不能自行"的传统观点,王安石认为只有培养和选择一些所谓"能讲先王之意以合当时之变"的贤才,方能"因人情之患葳,变更天下之弊法"。从这一观点出发,王安石从"教之、养之、取之、任之"四个方面批评了当时培养与选择人才的官僚制度及学校制度的弊端,并提出了他自己的改进意见。①在"教之之道"方面,王安石指出州县之学实徒具虚名,未能发挥教育人才的作用。因为学校当中仅只讲说章句、课试文章,使生徒到老也不知如何处理实际政务,因此他提出一些有用于实际的知识,即"可以为天下国家之用"的学问,作为学校教育的内容,教授生徒。②在"养之

---

①《王荆公诗文笺注》卷六《兼并》。
②③《王荆公诗文笺注》卷十七《发廪》。

之道"方面,王安石尖锐地揭露了各级官员寡廉鲜耻和腐败无能的现象,同时也指出一般下级官员俸禄之薄,不足应付"养生丧死婚姻葬送之事",是促成贪污腐败的一个重要原因。针对这种情况,王安石提出要倡导节俭,"约之以礼",守之以法,严惩贪污,又要改变这种"养之之道",适当增加俸禄。③在"取之之道"方面,王安石指出,自科举以来,进士出身的官员,只习"雕虫篆刻之学",无用于现实政事;明经科出身的官员只会记诵文字章句,这种人在"朝廷固已尝患其无用",为"治世"所不能采用。④在"任之之道"方面,王安石认为,登上仕途的,没有几个熟悉政务的,今天让他掌刑,明天让他管财,频繁改迁,以致他们只有官名而不知实政为何。另外在现有职位中,"又一一以结束缚之,不得行其意",因而一些有才的官员也只能"安故习常",与没有才能的平庸之辈相差无几。有鉴于此,王安石主张,把官僚机构的整顿与教育制度的改革紧密结合起来,自京师至地方皆遍设学校,严选教官,教以"礼、乐、刑、政"以及为国家所用之事;保证士子的物质生活,约之以礼,裁之以法,朝廷又力倡之,以形成新风气;推选贤能,审其德才,试以事功,然后给予适当的爵禄;处之久而任之专,便得其志意,以达成功。王安石的这些建议是很有见地的,但是仁宗皇帝庸碌怯懦,自庆历新政失败后,再不敢言改革变法之事,因此王安石的《上仁宗皇帝言事书》被搁置一旁。

英宗赵曙即位仅四年,时士大夫改革要求日益上涨,内忧外患的形势迫使统治集团从危机中寻找一条出路,因此皇帝与变法派的结合就势在必行了。英宗尚有革除积弊的意图,"志在有为"①,然而却不久病死。作为嗣君赵顼,方20岁登基继位,这就是宋神宗。血气方刚的宋神宗即位后,锐意振作,怀着强烈的愿望寻找有志于改革的官员。开始他寄托于元老重臣韩琦、欧阳修等人,然而他们不但不再有志于改革,相反却已转化为改革的障碍了。由此,宋神宗将视野转向要求改革的地方官僚

---

①《元丰类稿》卷三〇,《移沧州过阙上殿札子》。

群,并在他们中找到了"素有德行而天下素尊之"①的王安石。当时"天下盛推王安石,以为必可致太平"②。熙宁二年,王安石由知江宁府召为翰林学士,以侍臣身份同宋神宗接触。他给予这位年轻皇帝不少勉励,指出"变风俗,立法度"③是当务之急,并指出变法改革是扭转政治经济瘫痪局面以图富国强兵的唯一出路。他深得宋神宗的依赖和信任,于熙宁二年被任为参知政事,开始变法。翌年又升任为宰相,从而使变法派在政权中的力量更加强大,由此将变法运动全面展开。

王安石执政后,对财政、经济、军事和官僚机构诸方面,推行了一系列的整顿和改革。他对科举制度和学校制度的改革,在性质上是为官僚机构改革服务的,或者说它在于解决官僚的教、养、取、任诸矛盾,故其改革的内容大体上与上述主张是一致的。在澄清吏治方面,王安石采取裁减冗员、撤销若干州县建制、革除和惩治贪官,以及打破成例常规,不拘一格提拔和任用变法派及支持变法的官员,如吕惠卿、曾布、章惇等人都曾是下级小官员,后来破格提拔到中央机构中来,成为变法派的中坚力量。

历史上的任何一次重大变革,从性质上讲都是对旧有的痼疾的革除和对新生命力的开创。因此,任何改革家除了同旧势力作斗争外,还必须通过有效手段扶植进步力量,同时还必须通过有效途径保证进步力量的巩固和发展。王安石刷新官僚机构为政治变法的内容之一,要求科举取士制度和学校教育制度为这一变法服务,不仅要铨选到变法所需要的实用人才,而且要使人才的教养通过学校制度的改革来实现。王安石在《上仁宗皇帝言事书》以及《读进士试卷》《取材》《进说》等诗文中,屡次论及,甚至说真正有才干的人才,在考试制度下,因"困于无补之学",而被"绌死于草野"。因此,他在作上述短期行为的官僚机构整顿的同时,系统地提出了改革科举制度的具体措施。①废除明经诸科,旧有进士科考试科目亦加废止。②参加进士科举考试的,任选《诗》《书》《易》《礼记》中

①《元城语录》卷一二九。
②王严叟:《忠献韩魏王别录》,附载于《韩琦安阳集》。
③《琬琰集删存》卷三,《王荆公安石传》。

一种,谓之"本经";并兼治《论语》《孟子》,谓之"兼经"。③考试共有四场:第一场试"本经",二场试"兼经",外兼试义十道。这两场考试,只要通晓经文主旨大义即可,不必局限于注疏的讲说。④以前习明经诸科的,都改考进士科。为了照顾这批考生,让他们另场考试,并放宽录取标准,特别是因为京东、陕西、河南、河北、京西等五路过去习明经科的人数甚多,在这些地区首先设置学官,给以教导,录取人数仍然照旧额,以便这些地区的考生不致因变法而受到不利影响。

新科举法遭到旧党的反对。苏轼在《议学校贡举状》中指陈:"专取策论而能诗赋"和"能经生朴学,不用墨贴而考大义"较之过去的害处更大。就试制策讲,表面好比试诗赋有益一些,实际上两者对于政事都不能有所补益。自唐以来,以诗赋试进士而得人甚众,故无废除必要。制策这类的文章没有"规矩准绳",且无"声病对偶",很难考校其优劣,录取时容易徇私舞弊。

神宗读苏轼疏后,对新科举法产生了怀疑。一天问王安石,王安石对曰:"今人才乏少,且其学术不一,异论纷然,不能一道德故也。一道德则修学校,欲修学校,则贡举法不可不变,若谓此科尝多得人,自缘仕进别无他路,其间不容无贤;若谓科法已善,则未也。今以少壮时,正常讲求天下正理,乃闭门学作诗赋,及其入官,世事皆所不习,此科法败坏人才,致不如古。"①王安石改革科举法的依据,从这段言论可知,在于引导学风,扭转唐代以来轻经义实务而重诗赋的科举取士倾向,使科举取士成为促进学校教育并为现实政治、道德建设服务的工具。这一观点为神宗赞同。随之,中书门下省肯定曰:"古之取士,皆本于学校,道德一于上,习欲成于下,其人材皆足以有为于世。今欲追复古制,则患于无渐,宜先除去声病对偶之文,使学者得专意经术,以俟朝廷兴建学校,然后讲求三代所以教育选举之法,施于天下,则庶几可以复古矣。"②由此,新科举法得以贯彻执行。据《宋史·选举志》载,新法颁行后,"又立新科明

---

①《王荆公诗笺注》卷六《兼并》。
②《王荆公诗笺注》卷十七《发廪》。

法,试律令、《刑统》、大义、断案,所以待诸科之不能业进士者。未几,选人、任子,亦试律令始出官。又诏进士自第三人以下试法"。"熙宁三年,亲试进士,始专以策,定著限以千字"。为防止科场舞弊,规定:"诸州举送、发解、考试、监试官,凡亲戚若门客毋试于其州。"由此可见,王安石提倡的新科举考试法在实践中虽有争议,但却得以执行。科举考试是中国古代取士制度,同时也是中国古代学术与教育实践的指挥棒,其价值导向作用是强有力的。自王安石改革科举,倡导经术教育,宋代学风为之一变,它促进了理学的形成与发展;《孟子》的地位也得到了肯定与提高,由此之后,它日渐与《论语》《大学》《中庸》相并列而且构成了一个有机整体的理学四书经典,成为理学的重要思想来源与依据。

在学校制度改革方面,王安石作了许多重大改造与建树。

(一)整顿太学

太学作为面向庶族地主阶层开放的全国最高学府,在北宋初规模很小,范仲淹倡导兴学运动将其在校学生扩充到 200 人的规模。自庆历兴学失败后,太学徒具空名,在仁宗时仍然是那些品官子弟装饰门面的寄名之所,无教学之实。宋神宗即位元年,经刘庠等建议,太学方有改变。至熙宁四年太学规模始算完备,这要归功于王安石议订的太学新制。元丰二年,太学新制又经李定等人参订,使太学法更趋细密、完备。

王安石选定太学作为中央官学整顿的样板,主要在于太学相对国子学而言,是面向社会庶族地主阶层而不是专属于达官贵族阶层的。王安石对太学的整顿主要有四点。①除主管教官外,太学设置十名直讲,每二人主讲一经。对"教导有方"的学官予以提升和奖励,对"职事不修"者则予以贬黜,以保证教学质量。评定教师教学质量的标准,是根据所教太学生"行道进退"人数的多寡而定。"行"即道德行为,"道"即经术学问。这是考核讲求实效的评定方法。②太学生员均选自州县学校或经州县考试后择优录取,它有利于保证学生质量。入学后实行分斋教学,每 30 人为一斋,自己可任选一经,跟该经直讲学习。太学生分为三等,初入学者为外舍生,熙宁时不限名额,元丰时以 2000 人为限;外舍生一年后可根据"行道"进退,优者可升入内舍,称内舍生,名额为 200 人(元丰时为 300 人);内舍生升为上舍生,名额仅百人而已。这就是所谓的"太学三舍法"。③建立严格的考试制度,外舍生每月考试一次,年终又一总考,然后根据考试成绩的优劣,以及"行艺"的综合比较,决定其是否升入内舍;内舍生一年后,如考试成绩达到"优""平"二等水准,并参考日常的"行艺",升入上舍;上舍生考试分上、中、下三等,名列上等者,即可以不再经过科举考试而直接授官。三舍法以"复古"的形式出现,它严格的考试制度有如西周时期的国学情况,着重于考查学生平时的实际"行艺"而不是以一次科举考试成绩对生员作判断,这对于刺激学生的经术学问的学习和德行修养很起作用,同时也有利于官僚队伍素质的提高。太学三舍法的创行,是王安石教育改革的重要成果之一,它把养士与取士统归于学校,不仅提高了学校在政治上的地位与作用,使学校成为专门造就治术人才的机构,同时它在解决养士和取士的矛盾方面,创立了一种行之有效的方法。这一经验为后世所效行。

(二)整顿州县学

王安石相当注重州县学的建设,在整顿太学的同时,对州县学也进行了整顿。熙宁四年,他下令京东、京西、河东、河北、陕西五路建州县学,征求各路"经术行谊"之士为教授,并令各州学给田十顷以资费用。熙宁八年,他为了保证各州学教官称职,乃召集各路学官至京师,举行考试,考察其是否可为人师表。严格考核地方学校的教官质量,旨在抓好州学整顿。王安石执政期间十分注重州县学教官人选,熙宁六年曾委中书选人充诸路学官,后又命诸路在举人最多的州,各置教授一人,人选由"通经品官及第出身进士可为诸路学官,即具所著事业以闻"。由此,全国州府设有学官,整顿了州县学的教官队伍,使州县学有了显著的发展。

(三)建立武学、律学、医学

王安石从官僚队伍建设需要出发,除太学外,还建立了武学、律学、医学。武学建立于熙宁五年六月,学生名额为100人。凡未参班的使臣、恩荫子弟及"草泽人",只要应试合格即可入学。武学的教材包括诸家兵法以及武学教授编纂的历代用兵成败次第及前世大夫忠义之节等史事。军事理论著作是主要教授内容,并注重战例研究和武德训练。此外,武学教学很注重阵法与战术的演练,凡学习阵法的学生,给予一定数量的兵士供实际演习之用,以培养其实际指挥才能。学习年限为3年,3年后进行考试,及格者按其出身经历授予职位;无出身任经略司教押军队,即军队的教练官,3年内无过失可提升为巡检,原为三班使臣的可授以巡检、监押、寨主一类的军职,原为大使臣者可由较高级官员保举,授予将军职位。

律学建立于熙宁六年三月,置有律学教授四员,其职位同于国子监直讲。律学分三科,一科为"律令大义",专门研习律令理论;二科为"断案",专门学习如何处理案件;三科为"习大义兼断案",为前两科的综合。考律学者根据其报考科目加以考试。考断案者试案一道,包括五至七件刑名案件。考律令大义者,试大义五道。律学学生的待遇和太学生一样,食用均由官府供给;考试程序亦大致相同。教材有刑统、编敕、律令、格、式以及古今案例分析等内容。

医学建于熙宁九年五月,当时称为太医局,隶属于太常寺。生员总额为300人,亦分三科教授,即方脉科、针科和疡科。每科设教授一员。方脉科的主要教材是《素问》《难经》《脉经》,此三经典谓之大经,还有《诸病源候总论》《龙树论》和《千金翼方》,此三者称为小经。习针科与疡科的,《脉经》免习,添三部针灸经。在学医典的同时,医学生还轮流医治太学、律学、武学学生和军营将士的疾病。为了检验学习效果,诸生到各机构治病时,各给印纸,令三学官及本营将校书其所诊病状,借此为年终考核的根据。成绩列为上、中、下三等,并月给钱十五千、十千、五千三等以资奖励。医治出了差错者,太医局给予处罚,严重者或开除出局。学成之后,优等生选为尚药、医师,次等的补为本学教职。

武学、律学、医学的建立,表明王安石对实用学问的重视。各类学校的扩大和建立及其内部分科,对文化的发展是必要的和有益的。宋代文化学术之所以能超越前代,原因很多,而熙宁间的学校教育之改进不能不说是原因之一,因为在中国古代社会里学术的发展与统治者的提倡和重视程度有关,上行下效,宋代亦然。

(四)改革教材,创立新学

王安石为加强中央集权统治,很注重学术思想的统一。他说:"古者一道德以同俗。故士有揆古人之所以自守,则人无异论。今家异道,人殊德,士之欲自守,又牵于末俗之势,不得事事如古,则人之异论,可悉弭乎?"①他认为统一学术思想是解决"异道殊德"现象的必要措施,由此他着手置经义局,撰《三经新义》。

置经义局和撰《三经新义》,这与科举制度和学校制度改革的深入及变法斗争的激化有直接关系。熙宁五年初,神宗命王安石颁行新的经义"一道德"。次年,设局置官,训释《易》《书》《周官》三经义。当时反对派司马光等人责难,批评在官学中滥立私家之学。可见,王安石组织人员编撰三经新义是有明确的政治目的的。王安石在《除右仆射谢表》中说:"窃以经术造士,实始盛王之时,伪说诬民,是为衰世之俗。盖上无躬教立道之明辟,则下有私学乱治之奸珉。然孔氏以羁臣而兴未丧之文,孟子以游士而承既没之圣,异端难作,精义尚存。逮更煨烬之灾,遂失源流之正,章句之文胜质,传注之博溺心。此淫辞诐行之所由昌,而妙道至言之所为隐。笃生上主,纯祐下民,成能协乎天谋,将圣出乎天纵,作于心而害事,放拆几殚,通于道以治官,延登既众,尚惧胶庠之黎献,未昭典籍之群疑,乃集师儒,具论科指。"②在王安石看来,以经术造士乃盛王之事,故训释经义,使精义昭明,既是教育士子所必需,又是抵制"异端""伪说诬民"的措施。修撰《三经新义》,有矫弊近真、正本清源、统一道德、化成民俗的作用。在《周官新义·序》中,王安石指出:"士困于俗学久矣。"训

①《临川先生文集·与丁元珍书》。
②《临川先生·除右仆射谢表》。

释《周官》是为了"立政造事"。"唯道之在政事,其贵贱有位,其后先有序,其迟数有时,制而用之存乎法,推而行者存乎人。其人足以任官,其官足以引法,莫盛于成周之时;其法可以施于后世,其文有见于载籍,莫具于《周官》之书"。[①]《周官新义》在某些方面虽然是对《周官》的诠释,但实际上是王安石改革思想的表述。在学校中以《三经新义》为教材,其目的在于把王安石的新学思想通过合法的教育形式灌输给生员,以造就变法人才。据《宋元学案》载:"初,先生提举修撰经义,训释《诗》《书》《周官》,既成,颁之学官,天下号曰新义。晚岁为《字说》24卷,学者争传习之。且以经试于有司,必宗其说,少异则不中程。"这就是说,学校教育以《三经新义》和《字说》为官定统一教材,科举考试亦以此为基本内容和标准答案。王安石竭力利用学校工具鼓动变法和以新学统一教材,势必遭到反对派的加倍讥讪与诬谤,但不论怎样,《三经新义》对当时的学术思想起了相当影响。南宋时著名理学大师朱熹,对古代经典的诠释讲说,就曾多加采择,并不得不称"王氏新经尽有好处"。[②]

熙宁、元丰年间,王安石的教育改革作为政治变法的重要组成部分,在改革过程中始终充满着激烈的斗争。元丰八年,神宗死,哲宗继位,太皇太后垂帘听政,王安石等变法派相继被黜洗,司马光等旧党人物相继登台。翌年实行"元祐更化",全部新法被相继否定。至此,王安石的兴学运动宣告流产。

哲宗绍圣年间,蔡京发动了第三次兴学运动,王安石弟子龚原等人领事教育大权,由此"凡元祐所革,一切复之"。[③] 第三次兴学运动,其声势与规模都较前两次大,如能科举行八科取士,地方学校空前兴盛,有的县学人数多至千人,校舍也有很大的扩建。此外,太学也得到改善和扩充,据《建炎以来朝野杂记》甲集载:"太学养士,最盛于崇(宁)、(大)观

---

①《临川先生文集·周官新义序》。
②《朱子语类》卷一三〇。
③《宋史·章惇传》。

间。"陈传良也称："闻崇、观之际,天下之学盛矣。"①

从北宋的三次兴学运动来看,始终与吏治变革紧密结合在一起,着重在于解决培养人才与选择人才的矛盾,以整顿和巩固国家官僚队伍。因此,教育改革的重点是官学。三次兴学运动历时近70年,三起三落,都因其党派之争而失败。

总结北宋三次兴学运动,应当指出,范仲淹和王安石在教育改革理论上,都以"复古劝学"为理论出发点,以维护国家官僚政治基础为目的,没有扩展到教育与社会、文化、学术,以及经济的深层联系,仅仅把兴学运动看做矫正一时弊政的治具,因此当政治变法一失败,兴学运动的成就亦随之被否定。这是耐后人深省的。

第三节　朱熹的教育理论与实践

朱熹(1130－1200),字元晦(后改为仲晦),号晦庵,晚年号晦翁、遯翁、云谷老人、沧州病叟,别称紫阳。其祖籍婺源(现属江西婺源县),出生在福建南剑(今福建南平)龙溪县。朱熹是南宋时期理学思想的集大成者,又是南宋书院教育运动的重要倡导者与实践家,其教育理论与实践,在中国古代教育史中起了承上启下的作用,将汉唐儒学教育推进到一个以理学为主体的新儒学教育阶段。他创立的新儒学教育模式深远地影响了八百余年的民族教育实践,他的教育思想在中国古代社会后期,客观上取代了孔子的地位。

据《宋史·道学传》称:"熹登第五十年,仕于外者仅九考,立朝才四十日。"他的主要精力和时间,用于从事教育和著述。可以说他是一位终生志于教育实践与理论建设的教育家。

(一)朱熹的教育实践及书院制度的创立

朱熹19岁登进士,次年被授左迪功郎,为泉州同安县主簿,24岁到任。据《朱子年谱》载:"秋七月至同安。……职兼学事,选邑之秀民充弟

---

①《重修瑞安县学记》。

子员,访求名士以为表率,日与讲说圣贤修己治人之道。"由于他对县学的整顿比较成功,故"闻其风者已知学之有师而尊慕之"①。在任职同安时,朱熹始师事名儒李侗。据《朱子年谱》载:"初先生学无常师,出入于经传,泛滥于释老者几十年。年二十四见延平,洞明以道要,顿悟异学之菲,尽能掊击其失,由是专精致诚,剖微究深,昼夜不懈,至忘寝食,而统之法,始有所归矣。"在此期间,朱熹摆脱了释老之学的影响,专门研习理学,并完成了《论语要义》《论语训蒙口义》两部重要著作。

绍兴三十二年,孝宗即位。朱熹上书陈事,要求朝廷以内修政事、外攘夷狄为国家急务。次年,孝宗在垂拱殿召见他,他面奏三札,要求孝宗按照《大学》之道,以修身为本,内修政治,外抗金兵,广开言路,节用爱民,"修德业,正朝廷,立纪纲"②,重振纲常。但他的建议未予采纳,由是他退隐崇安武夷山修寒泉精舍,授徒讲学,著书立说,集中精力从事于教育活动与学术研究。在此期间,他的理学思想体系基本形成,并积累了丰富的教育实践经验,在长达15年的学术研究中,完成了撰述和编纂著作二十余种,其中最具代表性的有《论语集注》《孟子集注》和《近思录》。《近思录》是朱熹与吕祖谦合作的,它汇集周敦颐、张载、二程语录共620条,分编14卷。《近思录》作为理学的经典著作,既是对北宋理学的总结,又是对理学教育的教材建设。《论》《孟》集注,是朱熹个人的著作,他以理学阐释其要义,给孔孟之道赋予了时代内容。这两部著作,后来连同《中庸》《大学》的章句集注,合为《四书章句集注》,成为宋明理学的经典教材和元明清诸朝科举考试的标准答案。

朱熹创立的寒泉精舍,事实上可视做南宋书院的最早典范。在这所教育机构中,朱熹开创了以理学为根本内容的教育风气,初步奠立了朱子学派的教育理论框架。与此同时,以陆九渊为代表的象山学派也在创立。由于朱、陆两大学派在哲学理论和为学经路上的原则分歧,朱熹趁

①黄勉斋:《朱子行状》。
②《朱子大全·垂拱奏札》。

送吕祖谦由崇安回东阳路过信州之便,特邀请陆九渊来铅山鹅湖寺聚会,各论为学旨趣,这就是历史上著名的"鹅湖之会"。在论辩中,朱、陆阐述了各自的为学宗旨,结果朱熹主张的"道问学""即物穷理""格物致知"与陆九渊主张的"尊德性""先发明本心""心即理"等落落难合,并由此使两学派的学术分歧更加明朗化和公开化了。学术的讨论与争鸣,促进了学术的交流,促进了学派的发展。鹅湖之会以后,朱、陆的书信往来频繁,互相探讨学问,取长补短。淳熙六年,朱熹知南康军,在此修复了白鹿洞书院,聚徒讲学,并特邀陆九渊前来会讲。陆九渊在白鹿洞所讲"义利之辩",议论精辟,切中时弊,受到朱熹的钦佩和赞扬。由此开宋代书院会讲之风的先声,对后世影响深远。

在创办白鹿洞书院之后,朱熹亲自拟定了《白鹿洞书院教条》,并以此教条为纲领,逐步建立了一套完整的书院制度,对办学宗旨、培养目标、教育与教学内容和方式、教师选聘、学生条件、经费来源,以及组织管理等,都有了明确的规定,并日益使之具体化。后来,白鹿洞书院成为南宋书院教育运动的楷模,其教条为各书院所效法,其经验亦为各书院所吸收。

在任职南康军期间,朱熹十分注重地方教育事业,"每四、五日一诣学宫,为诸生讲说,亹亹不倦"①。并于"暇时与教官共同讲说经旨"②。除关心学校教育外,他还十分注重社会教育,劝诫士民乡邻父老,出以事其长上,敦厚亲族,和睦乡邻,有无相通,患难相恤。乡当父老,推择子弟,入学读经,以期风俗之美。③ 朱熹注重社会和学校教育,从根本上讲他继承了北宋教育改革家的"复古劝学"理想,企图通过教育来奠立国家政治基础。他说:"三代之隆,其法浸备,然后王宫、国都及闾巷,莫不兴学。……夫以学校之设,其广如此;教之之术,其次第节目之详又如此。其所以为教,则又皆本之人君躬行心得之余,不待求之民生日用人伦之外。是以当进之人无不学。其学焉者,无不有以知其性分之所固有,职

---

① ②《朱子年谱》。
③《朱子大全·知南康榜文》。

分之所当为，而各勉焉以尽其力。此古昔盛时所以治隆于上，俗美如下，而非后世之所能用也。"①他期冀推行广泛的社会教育和普及学校教育，使"欲美于下"，从而实现"治隆于上"。这种以教育为手段来推动社会、政治改良的思想，支配和影响了朱熹关于教育实践和学校教育变革的思想。

如白鹿洞书院的修复，朱熹在《重修白鹿洞书院状》中陈言："考此山老佛之祠，盖以百数，兵乱之余，次第兴葺，鲜不复其旧者。独此儒馆，莽为荆榛。虽本军已有军学，足以养士，然此洞之兴，远自前代，累圣相传，眷顾光宠，德意深远，理不可废。况境内观寺，钟鼓相闻，殄弃彝伦，谈空说幻，未有厌其多者，而先王礼乐之宫，所以化民成俗之本者，乃反寂寥稀阔。"②他这种排佛兴儒的建议，起初未被皇帝采纳，于是他再次申述："今佛老之宫遍满天下，大都至逾千计，小邑亦或不下数十，而公私增益，其势未已。至于学校则一郡一邑，仅一置焉。而附郭之县或不复有，盛衰多寡之相绝，至于如此，则邪正利害之际，亦已明矣。"③由此可见，朱熹修复白鹿洞书院，倡导书院教育运动，重在从政治基础建设和社会风俗的改良方面考虑教育的作用。他主张采取多种形式办学，广育英才，端正士风，化成风俗，扩大儒学在政治与文化中的作用，以抵制佛道的消极影响，这些想法与实践正符合了理学教育思潮发展的趋势，也正因为如此，朱熹的书院教育和社会教育实践起到了主导理学教育思潮的历史作用。

淳熙八年，朱熹知南康军任满，次年离任东归故里，直到淳熙十五年，一直在武夷山授徒讲学，从事教育和著述。在此期间，他与事功学派的代表人物陈亮展开了一场激烈的学术观点和教育理论的论战。朱陈论争的中心问题是"王霸义利"之辩和"成人之道"教育问题。陈亮批评朱熹的理学之教是空谈义理、妄言心性的"迂阔之学"，会导致"尽废天下之实"，主张"义利双行""王霸并用"，以实事滋实功教人，培养"才德双

①《大学章句序》。
②③《朱文公文集》卷十六。

行,知勇仁义交出",能"推倒一世""开拓万古"的救世之士。朱熹在肯定经世致用的前提下,指责陈亮"谈王说霸"和"专言事功",是"舍本求末",以此教人会使士人滋"驰骛功名之心",只能培养出急功近利的"小器",因此背离了"圣人立教之本旨"。他主张为学当从根本处着手,"尽心知性""学道爱人",故"成人之道,以儒者之学求之"。严格说来,陈亮的事功之学,也应视做理学思潮的理学派别之一,因为其基本命题范畴大都包含在理学体系之中。因此,朱陈之争与朱陆之争一样,都是理学不同流派的学术之争。不过,朱陆的学术之争,焦点在理论的逻辑和为学的路径的分歧上。而朱陈之争的焦点主要在学术价值观的分歧上,他们的共同目的在于维护纲常伦理和以教育推动社会政治变革,改变宋王朝积贫积弱的局面。客观而论,陆、陈对朱熹之学的批评都是有道理的,它们都促进了朱熹对其学术不足的修正,所以朱学在成熟时期和发展时期都或多或少地表现出某些"心学"倾向和经世致用的功利主义精神。

淳熙十五年,朱熹奉命赴延和殿奏事,遂上"戊申封事",提出辅翼太子、选任大臣、振举纲维、变化风俗、爱养民力、修明军政等六条建议,表达了他对国家政治建设与发展理学教育的基本观点与态度。次年,他受命出知漳州。在漳州任职期间,他将《大学》《中庸》《论语》《孟子》及其注解合编为《四书章句集注》,于绍熙元年一并刊印,使北宋二程倡导的《四书》并行主张,在朱熹覃思精研、训释求精求新的艰辛努力下变成了现实。《四书章句集注》刊行之后,不径风行天下,并逐渐取代了《五经》在学校教育中的独尊地位。①

绍熙二年,朱熹离任漳州,并由崇安迁居建阳,定居于考亭,他建立"竹林精舍",继续以授徒讲学和著述为业。绍熙五年,学徒增多,他又扩建竹林精舍,并更名为"沧州精舍"。他决心弃政事,专意书院教育。但

---

①元朝皇庆二年(1313)正式规定以《四书》取士。此后,《四书集注》遂成为各类学校的必读教材和科举考试的标准答案。《四书集注》作为理学教育的经典,在学校教育中的地位确立,标志着理学教育取代了传统的经学教育。

在此年，朝廷又任命他为荆湖南路安抚使，知潭州。在任期间，他热心提倡整顿州县学，并复建了岳麓书院，扩建学舍至百余间，学田增至十五顷，门人弟子相继云集达千人之众。在书院修建后，他"穷日之力，治郡事甚劳，夜则与诸生讲论，随问随答，略无倦色，多训以切己实务，毋厌卑近而慕高远，恳恻至到，闻者感动"。"及邻郡数百里间，学子云集……坐席至不能容，溢于户外"。① 岳麓书院的教学，是朱熹书院教育实践的鼎盛时期，尽管在此期间不长，但其影响对他来说是空前的。岳麓书院前有张栻主教，复有朱熹扩建规模，亲临讲席，不但使这所古老书院更名闻天下，而且使之成为一所理学的重要学派即湖湘学派的教育基地。

朱熹在潭州任职不久，经宰相赵汝愚举荐，被任命为焕章阁待制兼侍讲，为皇帝进讲《大学》。朱熹"每讲一章，必编成讲义，首列经文，次附小注。即对行事，苟有所见，亦必编册呈献"。进讲之余，尝"上疏斥言左右窥柄之失"②。由此，引起宁宗的不满，并招致韩侂胄等权势之徒的嫉恨，仅四十六日，朱熹被解职，由此正式结束了屡遭坎坷的仕途生涯，回到福建建阳，在考亭从事讲学与著述。

庆元三年，因赵汝愚被罢相，朱熹为主正义，不畏韩侂胄的权势高压，为赵汝愚辩护，由此被韩侂胄定罪为"结党营私、图谋不轨"的"逆党"，并将赵汝愚、朱熹等人划入"伪学逆党籍"，朱熹被定为"伪学之首"。这场因政治斗争而造成的"庆元党禁"（或称"庆元学禁"），使朱熹卷入了统治集团的政治斗争旋涡。朱熹的理学被指为"伪学"，受到了当权派的诋毁。

朱熹作为理学的集大成者，不仅在学术上完成了理学的建设，而且在长期的理学教育实践探索中坚定了他对理学发展的信心。在强大的政治压力下，他仍然讲学不倦，著述不辍。据《朱文公行状》载：朱熹晚年，"从游之士，迭诵所习，以质其疑，意有未喻，则委曲告之，而未尝倦；

①《朱子年谱》。
②《宋史·朱熹传》。

问有未切,则反复戒之,而未尝隐,务学笃则喜见于言,进学难则忧形于色。讲论经典,商略古今,率至夜半,虽疾病支离,至诸生问辨,则脱然沉疴之去体。一日不讲学,则惕然常以为忧"①。

(二)朱熹的理学教育思想

朱熹建构了一个庞大的理学教育思想体系,这一思想体系几乎包括中国古代教育与教学的各个方面,如教育与人性、教育与政治、教育与经济、教育与社会及文化、道德教育、知识教学、教材建设、教育和教学原则与方法、读书法、蒙养教育与蒙养教材、社会教化、书院教育制度及学校教育制度、教育管理等。在此,仅就其理学教育思想作扼要介绍。

1.批评当时的学校和科举弊病,突出"明人伦"的儒家教育目的

朱熹认为,教育的根本目的与中心任务,应当是以"明人伦为本",因此要教人以"德行道艺之实"。②

强调"明人伦为本",这是孔孟所提倡的传统教育目的论。但是朱熹在这时作为理学教育目的论提出,自有其时代意义。首先,他的这一观点是有明确针对性的。他说:"科举之学,坏了人心。""此是今日莫大之弊。"指出时尚的科举考试和以科举为目的的学校教育,从根本上违背了"国家所为立学教人之本意"。"国家建立学校之官,遍于郡国,盖所以幸教天下之士,使之知所以修身、齐家、治国、平天下之道,而待朝廷之用也,此德意可谓厚矣。然学不素明,法不素备,选用于上者以科目词艺为足以得人;受任于下者,以规绳课试,为足以尽职,盖在上者,不知所以为人师之德,而在下者,不知所以为人师之道。是以学校之官,虽遍天下,而游其间者,不过以追世好取世资为事,至于所谓修身、齐家、治国、平天下之道,则寂乎其未有闻也,是岂国家所为立学教人之本意哉!"③

以"明人伦为本",即以道德为本的教育,与"钓声名于录"的科举教

①《黄勉斋先生文集》卷八。
②《近思录》卷九。
③《朱子文集·送李伯谏序》。

育是截然不同的教育观。北宋兴学运动，亦提出"一道德"的问题，但在朱熹看来，这种"道德"不过是一家政治的代名词。他指出："王荆公改科举，暮年方觉其失，曰：'本欲变学究为秀才，不谓变秀才为学究'。举子专诵王氏章句，而不解正义，正如学究诵注疏尔。"①又说："王氏得政，知俗学不知道之弊，而不知其学未足以知道，于是以老释之似，乱周礼之实，虽新学制，颁经义，黜诗赋，而学者之弊，反甚前日。"②朱熹认为王安石的教育改革失败之处在于"不知其学未足以知道"，以致失去了"立学教人之本意"。同时，朱熹尖锐地指出："时蔡京用事，方禁士毋得挟元书，制师生收司边坐法，犯者罪至流徙，名为'一道德'者，而实以钳天下之口。"③朱熹认为，"道德"不是专制暴政的代名词，而是尽伦尽制，明德新民，以仁民为己任，明道救世。只有实现了"明人伦"的教育目的，则风俗美于下，治隆于上，士"为经世有用之学"④，则"野多遗贤，朝多旷位"的现象不复存在。由此可见，朱熹的教育目的论，在理论的深层次是把教育作为德政的基础，而不是专制暴政的工具，这在观念上是对北宋以来的教育目的论的重大变革。

其次，以"明人伦为本"的教育目的论，针对事功学派和其他学派的急功近利思想也有其批评意义。他说："今上自朝廷，下至百司庶府，外而州县，其法无一不弊，学校科举尤甚。"⑤朱熹主张教育变革，刷新取士制度，但是他认为，这不可能从根本上改变吏治的腐败，因为"风俗日弊、人才日衰"与吏治不清的根本问题在于整个社会道德风气衰败，即使有了"经世有用"的人才，也只能在野为遗贤，假如有用于世，也只能"专言事功"，急功近利，到头来于治国平天下无补。因此，朱熹认为，只有将"明人伦"作为教育目的，使"教明于上，俗美于下"，也就是说只有当整个社会道德风气得到根本改善时，贤才之士方可见用于世，亦才能有为于

---

① 朱熹：《名臣言行录》。
②③《朱子文集·送张仲隆序》。
④《朱子语类》卷一〇八。
⑤《朱子文集·送张仲隆序》。

世。他说:"绍兴之初,贤才并用,纲纪复张,诸将之兵,恨以捷告,恢复之势,以什八九成矣。"然而,秦桧乃独以梓宫长乐借口,"攘却众谋,萤惑主听"①,从而签订了绍兴和议,使"才德双全""智勇仁义"之士非但不能施展才能,相反,却屈死于卖国小人之手。由此,他认为以"明人伦为本"的教育,其价值高于以事功为本的教育,只有"俗美于下",才能"治隆于上",若"怀利去义""忘本逐末",则人才难得,"仁政"难成。他说:"天下者,天下人之天下,非一人之私有故也。"②民为邦本,本固邦宁,只有天下之人均成为有道德之人,则国固民安,家齐、国治、天下平。总而言之,朱熹的教育目的论,继承和发展了儒家的德治思想,在学术价值观和教育价值观方面,批判了政治高于一切和功利至上的观点,形成了以道德价值至上的理学教育目的论。

2.关于学制与教学

中国古代教育,自古有学校教育制度,而有关学制方面的思想则不丰富。一般说来,汉唐时期的学制思想都是围绕《学记》的观点展开的,尚缺乏明确的阶段划分。朱熹在前人的思想上并根据古代教育的实践经验,主张把学校教育划分为小学、大学两个阶段,他说:"古之为教者,有小人之学,有大人之学。"③明确提出按照年龄阶段来划分教育阶段的学制思想。

在《大学章句序》中,朱熹说:"人生八岁,则自王公以下,至于庶人之子弟,而教之以洒扫、应对、进退之节,礼乐射御书数之文;及其十有五年,则自天子、从子以至公卿大夫元士之适子,与凡民之俊秀,皆入大学,而教之以穷理、正心、修己、治人之道。此又学校之教,大小之节,所以分也。"朱熹的这一学制思想,是建立在他的理学教育理论基础上的,突出了以德育为中心以及年龄阶段与知识层次的关系,同时他主张在广泛实施普及教育的基础上建立高等教育。

---

①《孟子集注》。
②《朱子文集·戊午讲议序说》。
③《经延讲义》。

朱熹认为,小学教育是打基础阶段,不论是王公贵族还是庶人阶层的子弟,都必须接受小学教育,因为它既是培养德行以确定"圣贤坯模",①又是教以基本知识,获得心理与智识发展的重要阶段。他说:"必使其讲而习之于幼稚之时,使其习与知长,化与心成。"小学生在德育方面以教事为主,"小学是事,如事君、事父、处友等事,只是教他依此规矩去做"②。重在养成良好的道德行为习惯和心理品质;至于教学内容方面,则要求与儿童心理特征和知识水平相适应,力求浅近、具体、生动,"教小儿只说个义理大概,只眼前事,或以洒扫应对之类作段子亦可"③。为了切实搞好小学的德智教育与教学,他编集了《小学》一书,把古代童蒙读物加以选择与补充,加上古今圣贤的嘉言善行,分成内外两篇,内篇为《立数》《明伦》《敬身》《稽古》,外篇为《嘉言》《善行》,既重知识,又突出了德育目的。他还编定了《童蒙须知》,内有衣服冠履、言语步趋、待人接物之仪、读书写字的常识等。从这些教材内容的编排来看,朱熹是力图使小学教育走向道德规范化的。

大学教育是针对成人并建立在小学基础之上的高级教育,或者说是小学教育的扩充、深化和提高。朱熹明确指出:"小学之事,知之浅而行之小者也;大学之道,知之深而行之大者也。"④大学的教学任务是为国家造就有用的人才,"国家建立学校之官,遍于郡国,盖所以幸教天下之士,使之知所以修身、齐家、治国、平天下之道,而待朝廷之用也。"⑤接受大学教育的人主要是王公贵族等统治阶层的子弟,以及"民之俊秀"。所习内容主要是"四书""五经",而四书五经的学习旨在修身齐家,成为德才兼备的儒士,以做国家的栋梁。

围绕这一学制思想,朱熹精辟地提出了丰富的教学思想。概而言之,朱熹的教学思想核心是"读书穷理"和"格物致知"。他说:"一物格而

①《小学辑说》。
②③《朱子语类》卷七。
④《小学辑说》。
⑤《朱子语类》卷七。

万理通，虽颜子亦未至此。惟今日而格一物焉，明日又格一物焉，积习既多，然后脱然有贯通耳。"①"如今为此学而不穷天理，明人伦，讲圣言，通世故，乃兀然存心于一草一木一器用之间，此是何学问？"②朱熹在强调《中庸》的"博学之、审问之、慎思之、明辨之、笃行之"和《大学》的"格物、致知、诚意、正心、修身、齐家、治国、平天下"基础上，提出了他的系统的教学思想理论。他认为，"穷理"是通过"格物致知"来实现的，而"格物致知"又必须借"读书"来进行，因为"读书"是最经济又最重要的"穷理"捷径，"宇宙之间，一理而已。……其张之为三纲，其纪之为五常"③。三纲五常之主张通过知识教学来培养德行，使德育建立在牢固的"四书""五经"的政治教学基础上，因为只有"明道""穷理"，才有"致知力行"。"穷理以致其知，反躬以践其行"是德育与智育的因果关系所在。他说："致知、力行、用功不可偏。"④"知行常相须，如目无足不行，足无目不见。论先后，知为先；论轻重，行为重。"⑤在知先行后、知行相须的基本观点下，朱熹提出了"启发诱导""博专兼顾""学思结合""温故知新"的教学原则，和"循序渐进""熟读精思""虚心涵泳""切己体察""著紧用力""居敬持志"的读书法。他的这些教学原则与读书法，均有丰富的思想和独立的见解，在一定意义上把古代教学思想和实践经验作了一个理论总结，所以其影响颇为深远。

　　总之，朱熹作为南宋时期的理学教育大家，其教育实践与教育理论的贡献是卓绝的，其主要原因在于他顺应了儒学发展与改造的理学思潮，总结了北宋兴学的失败教训，并根据中国传统文化的伦理道德至上的价值体系，把"德治"作为教育改造的目的，因此顺应了宋代纲常伦理政治建设的需要。

---

① 《大学或问》。
② 《朱文公文集》卷三十九。
③ 《朱文公史集》卷七十。
④ 《朱子语类辑略》。
⑤ 《朱子文集·答曹元可书》。

第六章　辽金元时期的教育

辽金元时期是中国历史上又一个具有特色的发展时期，与唐宋两代关系密切，且又都是由北方少数民族统治，对北方经济、政治、文化、教育、科学、艺术、宗教等方面的发展均有着重要的影响。从某种角度讲，辽、金、元三代又是一脉相承的三个重要的教育发展时期，是民族融合、文化碰撞、教育发展加速的重要历史阶段。从中华文明和历史发展的角度看，它是中国从又一次"南北朝"走向又一次大一统的时期，也是文化教育又一次呈现异彩，又一次集大成和大发展的时期。①

第一节　辽、金、元时期的社会和文教政策

辽代（907—1125）是我国北方民族——契丹族统治北方的时期，特别在进入中原以后，科学、文化、经济、政治、教育有了很大的发展，对中国北方的开发作出了突出贡献。当时辽虽与宋朝有军事冲突，但和时多、战时少，特别在辽圣宗统治时期，在"澶渊之盟"缔结之后，和平时期相对较长，民众生活安定，生产有发展，周边交往频繁，并进一步完善了官僚统治机构。与此同时，辽朝吸取了汉族政权的一些经验，采取兴学校、开科举、印诗书、广交流的汉化，即文明化的措施，在许多方面都为以后的金元两代提供了借鉴。金代（1115—1234）是继辽之后的又一个由北方少数民族——女真族统治的王朝。在挣脱并消减了辽朝的统治之后，便开始了与宋朝的对峙。起初，金朝统治者禁止本族人穿汉服，消极地保持着本民族的生活习惯。但随着中原占领区的扩大和经验的丰富，

---

①参见程方平《辽金元教育史》，重庆出版社 1993 年版。

金朝逐渐完成了政治、经济、文教等多方面的转变，全面采取了宋辽旧制，为金朝及北方文明的发展扫除了障碍。较之辽朝，金朝在许多方面都有更大的进步，其水准甚至与南宋相接近。在文化教育方面，金朝采取了科举制，注意广泛、深入地搜罗人才。发展了造纸业和印刷业，出版了大量典籍书册，并在中央和地方建立了多种教育设施。金朝在诸多方面的建树为日后元朝政治、经济、科学、文化和教育等方面的发展，为全国的统一打下了良好的基础。女真族在与其他民族，特别是汉族长期相处的过程中学习了先进的科学文化和管理手段，汉语也逐渐成为女真族的第二通用语言。许多女真贵族和知识分子都能通读汉文典籍，海陵王、章宗等金朝皇帝甚至能用汉文作诗。随着交往的加深和统治的完善，不少汉族的礼法规章被金朝仿效和采纳，文明程度有了很大提高。

元代（1206－1368）是继辽、金之后，起于北方，由蒙古族统治的强大而统一的王朝。在其逐渐发展进而统一全国的过程中，统治者不仅开阔了眼界，学到了其他民族和国家的文化教育和科学技术，而且注意吸取了唐、宋，尤其是辽、金各朝代的统治经验。元政权初建之后便着手实行中央集权制，注意笼络知识分子，尊崇孔子，兼及佛道，扩充学校，完善科举制度，在其统治的广大地区实行"汉化"，促进其自身的不断进步，加强了各民族间的理解与融合。元朝在建国前的成吉思汗统治时期，曾利用被俘的汉人发展当地的造纸业。及忽必烈灭南宋统一全国时，则全部继承和发展了宋代造纸业。与此同时，元朝的印刷术也在提高，元世祖忽必烈的主要谋士姚枢与杨惟中、田和卿等人自行刊刻书籍，并将宋朝毕昇、沈括发明的活字印刷术继承下来，并推而广之。其后十几年（约 1298－1314），元朝的另一个著名学者农学家王祯在刊印农学书籍的过程中又发明了木活字和锡活字，使印刷技术进一步发展。[①] 元仁宗延祐六年，广平人士马致远在做浙江奉化知州时，除设学兴农之外，还"镂活书板至十万字"，并在

---

① 参见张秀民《中国印刷术的发明及其影响》，第 79－90 页。

元英宗至治二年用活字书板印成《大学衍义》等书。[1] 先进的造纸和印刷技术推动了教学书籍的广泛流传,这不仅使元朝的文教学术事业有了更大数量的传播媒介,也为后来明清文化教育的发展奠定了良好的基础。

辽、金、元的文明是多民族共同创造中华文明的典型,是中国历史颇具异彩的篇章。在这一时期,教育的发展有一定的物质基础和多方面的条件保障。辽朝在建国以前虽有文字书籍,但多用汉文记载。上层统治者在征战之中留意收集图籍,历代帝王大都通汉文,像辽道宗耶律洪基等还能作汉文诗词。[2] 为了弘扬和发展本民族的文化,在辽太祖神册五年,契丹及汉族知识分子"以隶书之半增损之",共同创造了契丹大字,并在辽朝境内颁行。[3] 天显元年以后又收取回鹘字的某些长处,创立了更为精致、简练的契丹小字。这两种文字在辽、金两朝与汉字一样通行,直至金章宗时止,前后沿用近 300 年。金朝在创制本民族文字方面努力效法辽朝,不仅在前半期学习和运用汉字及契丹字,广泛吸收其文化,还在金太祖阿骨打建国之初,即天辅三年就创造和颁行了女真大字,由女真学者完颜希尹主持这项工作,借鉴了汉字楷书和契丹字的特点。至金熙宗天眷元年,金朝为了使女真大字更加简约易学,又仿照汉字及女真字的偏旁制作了女真小字,并使之在北方广大地区普遍使用。元朝在建国之初主要用畏吾儿字记录户籍、法规等方面的材料,同时也使用汉字。元世祖至元六年,"帝师"思八巴喇嘛依据藏文创造了"蒙古新字",并在全国推广,俗称"八思巴文"。这种文字有 42 个字母,相对而言较为灵活和简单,推行至全国后有一定影响,至元成宗大德十一年,蒙古族学者邵吉斡斯尔又在畏吾儿字母的基础上改革创造成沿用至今的蒙古文字。辽、金、元三朝在创制本民族文字方面所作的尝试是非常可贵的,尽管契丹、女真字的使用范围和存在时间相对有限,但对其文明化的进程是有着巨大推动作用的,为其教育的发展提供了更适合的条件。

---

①参见《〈延祐〉四明志》卷十三。
②参见《辽代纪事》卷一。
③参见《辽史卷二太祖本纪》。

辽、金、元三朝时期的文教政策是逐渐开明化的。辽在建国之前即非常注意兴学，同时注意广泛搜罗文教人才。不仅当时的帝王要学唐太宗的《贞观政要》，效法唐代的开明统治，还刊印颁行《五经传疏》，使学习唐代文化成为上层人士的时尚。辽圣宗时不但诏开贡举，还在统和十二年发布《论举拔人才诏》，声明"诸部所俘宋人，有官吏儒生抱器能者，……俱以名闻"①。当时朝野上下崇儒之风较盛②，中原的礼仪文教受到高度重视。辽兴宗则强调："文章之职，国之光华，非才不用。"③圣宗、兴宗、道宗三朝为辽代发展之高峰，不但皇帝喜观文翰，重视藏书，还重用了一大批有才干的各民族知识分子。辽朝的这些政策对于当时的社会进步影响较大，慕学崇儒也已蔚然成风。

金朝效法辽之定制，于建国之初的天辅二年九月下诏："国书诏令，宜选善属文者为之，令其所在访求博学雄才之士，敦遣赴阙。"④反映了对文教人才的需求。天辅五年，朝廷又下诏曰："若克中原，所得礼乐仪仗图书文籍，并先津发赴阙。"⑤对南下官兵作了明确的指示，为金朝日后文教之发展作了积极的准备。太宗天会年间，金朝开科取士，为各民族文人提供了"学而优则仕"的机会。金熙宗天眷三年十一月，朝廷封孔子第49代孙孔璠为衍圣公，以表示对孔子及其所代表的中原文化的尊重。

金熙宗曾指出："太平之世，当尚文物，自古致治，皆由是也。"⑥初步悟出了治天下的道理。海陵王天德年间战事较多，"天下骚动"，但却在这一时期建立了国子学、太学等教育设施，以《九经》《十七史》及诸家之言为各级各类学校的教材。世宗时社会繁荣，后人誉称"大定之治"，各类人才得到了重视。金世宗明确指出，"教化之行当自贵近始"，"荐举人才当前急务也"，"苟有贤能当不次用之"。⑦ 自世宗始，章宗、宣宗、哀

---

①《金辽文》卷一。
②③参见《辽史卷一〇三文学列传》。
④⑤《金史卷三太祖本纪》。
⑥《金史卷四熙宗本纪》。
⑦《金史卷六世宗本纪》。

宗各朝都对尊孔有明确的表示。并对办学和科举作了一些努力。据《金史·文学列传》记载：“世宗、章宗之世，儒风丕变，庠序日盛。”其文教发展“能自树立唐宋之间”。又据《金史·食货志》记载，凡金朝所设之“学田”，“租税”“物力”皆免。凡“终场举人系籍学生，医学生，皆免一身之役”。朝廷把学生看做国家官吏的后备力量，大大激发了人们学习的积极性。

元朝在文教政策上亦是远法唐、宋，近效辽、金，结合自身特点学习汉族和其他民族的文化。元初太宗五年，朝廷即下诏封孔子51世孙孔元措为衍圣公，并在同年的十二月诏修孔子庙和浑天仪。著名道教领袖学者丘处机和帝师藏传佛学者八思巴等人在当时的文化思想界也大显才华，继续发展隋唐五代以来“三教合一”的文教传统，使元初统治者能从多方面吸收文化、教育、思想、道德、哲学、宗教和科学等方面的营养。元太宗时，朝廷下令广集经史、开科取士，在学者中书令耶律楚材的主持下，开展了初期的文教工作。进入中原以后，世祖忽必烈即下令保护文化设施与学校，“禁诸官员使臣军马毋得侵扰亵渎，违者加罪”[1]。告诫属下要尊重文教，并令其谋士姚枢、杨惟中等人随军南下，寻求儒、道、释、医卜、酒工、乐人等专门人才。当时在文教事业中起作用的不仅有蒙古族、汉族、藏族、契丹族、女真族及其他少数民族专家，还有不少国外的学者，如意大利的马可·波罗，波斯的伊菲蒂哈尔、额德丁、穆罕默德等人即代表。特别是忽必烈征用窦默、许衡、郝经等诸多著名学者为其策划治国安民之道，得鸿儒硕学吴澄等人传宋代理学，在中央和地方广泛兴学，鼓励书院的发展，使元朝在文治武功诸方面均有建树。值得提出的是，元朝在建国之初，即在诸色户籍之中专设“儒户”一类。元太宗时即以考试确定儒户4030户，至元世祖至元十三年，朝廷对已有的儒户进行了一次严格的考试分检，最后选定3890户。统一全国后，元代在南方亦推行儒户之制，由地方政府考察奏报，不需要考试，凡在南宋科场中选或有名

---

[1]《元史卷十五世祖本纪》。

望的儒士均可入选。在至元二十七年的江南户口登记中,儒户所占的比例已在百分之一左右。元朝规定,儒户中必须有一人入学就读,为元朝文教事业的持续发展打下了广阔的社会基础。元世祖忽必烈还曾下诏,免儒户杂徭,只缴纳一定的税粮并在集贤院筹措资助"以给多才艺者",大力褒奖人才,调动了学习者的积极性。[1] 继而,元成宗在至元三十一年下诏中外皆需尊奉孔子,[2]武宗则于大德十一年加封孔子为"大成至圣文宣王",孔子的地位被抬到了前所未有的高度。不仅如此,元仁宗还以宋儒周敦颐、程颐、张栻、司马光、朱熹、张载、吕祖谦以及元朝学者许衡从祀孔子庙,以示其对宋元理学的接纳和对名儒学者的崇敬。[3] 在总结唐、宋、辽、金各朝科举取士经验的基础上,元朝在仁宗时正式建立并逐步完善了科举制,使文教设施在有关制度的配合下发挥着重要的作用。总之,辽、金、元三朝在其嬗递发展的过程中,为文教事业的兴旺创造了越来越好的条件。尽管其间还有不少狭隘的民族意识在政策及思想等领域表现出来,但从总体上看,辽、金、元对中国历史特别是文化教育史的发展作出的贡献是巨大的,充分体现了中华文明"多元一体"的特色和生命力。

第二节 科举制发生的变化及其影响

　　辽初,随着社会的进步和经济、政治、军事的变化,汉人官吏任用,以及社会管理的需要,科举制的实施被提到日程上来。早在辽太宗会同初年(约 938-946),辽朝便放契丹族学者室昉"登进士第",随后即任其为卢龙巡捕官。当时辽代统治者已开始逐渐认识到,要巩固自己的统治,管理好汉族百姓,必须首先笼络居于"四民之首"的知识分子。为此,关键就是学习"汉法",恢复科举制。这样,一方面可以消除汉族知识分子的抵触情绪,一方面又可以提高官僚机构的水准和人才的素质,还可以

----

①参见《元史卷十五世祖本纪》。
②参见《元史卷十八成宗本纪》。
③参见《元史卷二十四仁宗本纪》。

借此粉饰太平,向邻国显示文治武功的成就。经过一个时期的筹备,辽代于景宗保宁八年十二月下旬诏于南京恢复礼部贡院,在以往取士实践的基础上初步建立了科举制的管理机构。紧接着,辽代便在景宗保宁九年、圣宗统和二年和五年相继开进士科。直至统和六年辽圣宗诏开贡举时,辽代的科举考试制度才算正式建立,取士范围也逐渐扩大。在此之前,辽代虽有科举,但多是偶然为之,是为在出使、报聘、接送外国使者等外交活动中,避免鄙陋无文,让人耻笑,而临时作出决策,吸收一批文化人才。因此,当时考中的人很少,每年只有一两人,至多四人。如厉鹗在《辽史拾遗补·选举志》中引《易水志》曰:"保宁九年进士,易州魏璟,统和二年,魏上达,统和五年,魏元真。"《辽史·圣宗本纪》亦载:"统和六年,放高举一人及第。"自圣宗起,每年考中的人开始至几十人。到兴宗、道宗之时,中进士的常有百余人。不但取士的数量增加,教育的内容和形式也逐步健全。据《契丹国志》记载,当时的科举效法唐制,设乡、府、省三级考试。乡中曰乡荐,府曰府解,省中曰及第,有时还有廷试(或曰"殿试")。凡有不愿参加考试的秀才,朝廷还要责成州县长官负责遣送他们考试。在考试内容上,起初范围颇窄,只考诗词文赋和法律,后来增加了明经、茂才异等和其他科。到了最后,也和唐朝一样,以诗赋和明经两科为"常科",其他科为"特科"。至于考试日期,在辽圣宗时期每年考一次进士,自辽兴宗以后,则三年一次,即每隔两年才考一次。考试后的阅卷、录取和授官等要求和做法,基本与唐宋各朝相同。从圣宗统和六年到兴宗重熙元年的四十四年里,开科取士已成为定制,进士的录取等第,主要根据考生成绩分为甲、乙、丙三等。在一般情况下取甲科5人、乙科6人、丙科2人。为了扩大科举制度的影响,辽朝曾经规定要举行皇帝接见新科进士及颁赐等第的仪式,使中举之人感谢朝廷赐给的殊荣,忠心为朝廷效力。为此,考取进士在辽朝也逐渐成为世人羡慕和奋斗的目标,投考者也日渐增多。当然,辽朝和唐宋一样,并非所有的人都可参加考试。当时曾规定,凡是治病的大夫、卖肉的屠户,以及商人、占卜休咎之人,不肖子孙及犯法逃亡者都不得举进士,而官宦之人及其子弟则可以用金钱通融,得到"捐科出身"。

由于辽朝在建国之初还没有通过自己掌握的教育培养出本民族出众的或忠实于朝廷的知识分子,加之统治者害怕本族的青年一旦接触知识后会很快汉化,所以当时实施的科举制度主要是朝廷对汉族文人采取的一种文教政策。如此,一方面可以学习和掌握唐宋各朝的传统统治术,表现出尊重中原文化的姿态,一方面又可能笼络汉族及其他少数民族文人为其服务。对于本民族青年学子和学者,朝廷禁止他们参加科举,只希望他们能学会骑马射箭,把精力和智慧用在掌握好兵权,永远居于统治地位的关键问题上。尽管在辽代太宗时契丹人室昉曾以非凡的学识考中进士,但后来类似的情况便几乎销声匿迹了。据《辽代史·耶律薄鲁传》记载,兴宗时,耶律篪因为儿子去参加科举考试,竟遭到"鞭之二百"的刑罚。但是,由于中原先进文化教育和某些先进的知识在契丹民族中逐步推广、流传,沟通了当时汉族和契丹族知识分子和人民的思想,加上当时文化事业的发展和科举范围的扩大,在契丹族文人和青年中产生了影响。他们渴望学习和掌握先进的汉族文化和各方面的知识,也希望通过科举考试成为有地位的文化名人。到了辽代后期,对契丹族参加科举考试的限制逐渐放松,一些契丹知识分子和青年也如愿以偿。据《辽史·耶律俨传》记载,耶律俨自幼好学,颇有诗名,于道宗咸雍年间考进士。《辽史·天祚帝本纪》亦记载:"耶律大石……字重德。太祖八代孙也。通辽、汉字,善骑射,登天庆五年进士第,擢翰林应奉。"

金朝建国之初已开设科举,主要是词赋经义进士,据《金史·选举志》载,"其设也,始于太宗天会元年十一月,时以意欲得汉士,以抚辑新附,初无定数,亦无定期。故二年二月八日,凡再行焉。五年以河北、河东初降,职员多缺,辽宋之制不同,诏南北各因其素所习之业取士,号南北选"。明确指出,金朝设科举主要出于维护和巩固其统治的目的。在入主中原以前基本上采用辽(南面官)和宋旧制。到了金熙宗完颜亶时,废除了金初施行的贵族会议制度,仿照宋朝建立了一套从中央到地方的国家统治机构,这时是金代科举制初步建立健全的时期。金人在学习辽宋科举经验的基础上,将开科考试分为南北两场,各以经义、辞赋两科录取文士。到金朝海陵王完颜亮时,废除了南北选,对科举考试作了调整和统一的规定,并增加了考试的内容。海陵王正隆元年,金朝始定三年一次的贡举之制。命题范围以五经三史的正文为限,科目有辞赋、经义、策论、律科、经童等,考试后中选的称举人。金世宗大定十一年,金王朝首创女真进士科。开始只有"试策",后来增加了"试论"的内容,所以又称"策论进士"。对于女真人考试,单有一套易于汉人的考试卷和录取程序。可见,金朝比辽朝更加重视科举,也没有沿袭辽朝不许本族人参加科举考试的规定。金代的科举为四试之制,基本上与辽宋相同。据《金史·选举志》载:"凡诸进士举人,由乡至省及廷试,凡四试皆中选,则官之。"但是,因为金代科举仍是以汉族知识分子为主要对象的,所以,女真贵族的后代做官,另有奏补法和世袭法等特权保证,一般不必经过科举途径。有的虽然经各级考试皆落选,但仍被赐予"及第",时称"恩例";有的经朝廷大臣推荐授予出身,称为"特恩"。如金代著名学者、教育家曹望之、麻九畴等人就是当时因种种原因破例及第的。到了哀宗晚年,据《金史·哀宗本纪》载,当时甚至明确规定:"许买进士第。"为官僚、地主、贵族阶层和大官僚开了方便之门。在科举考试的限制上,据《金史·章宗本纪》载,金代与辽代基本相同,只是金朝曾规定"禁放良人不得应诸举,子孙不在禁限"。把放良的犯人和他们的子孙区别看待,这一点在当时是不容易的。另外,金章宗在世宗大定二十九年提出的"选举十事",可以说是对当时选举,尤其是科举制的一种探讨,提出了有关防止"拘于资格之滞""蔽贤""滥举"的思想,制定了人才选用上的赏罚条格。

尤其值得一提的是,金代在科举考试的内容、形式以及录取等方面都有自己的创新,如在金章宗明昌元年,皇帝曾下诏在"六经""十七史"《孝经》《论语》《孟子》以及《荀子》《杨子》《老子》内出题,把辽宋科举考试的内容、范围大大地扩展了,把单纯从"四书""五经"中寻找答案扩大到经史、百家之言,并且还要在问题之下注其本传。这不仅对辽宋旧制是一个发展,也对考生提出了更高的要求,促使他们广泛阅读,开阔眼界,使头脑更为灵活。明昌三年,章宗又下诏规定,科举中的会试不限人数,合格便可录取。由于录取的标准降低了,内容丰富了,所以金朝科举取士是比较兴旺的。元朝人写《金史》时,也称金代科目得人最盛。起初,金朝放进士只有二至三人,到金章宗明昌二年二月时,已诏谕有司:"进士程文但合格者即取之,勿限人数。"明昌四年十一月又诏有司,会试不限人数,扩大了录取员额。章宗时多次放进士六名,宣宗常放进士十余人,到哀宗时进士人数则从十几名到五十多名,数量大大增加了。

与辽代不同的是,金朝除设"常科"之外,还设有"宏词科"等特科和武举。特科即制举,以待非常之士,是常科的补充形式。武举始于熙宗皇统年间,分府试、省试两级,上、中、下三等。《金史·章宗本纪》亦记载,承安五年,朝廷"定策论进士及承荫人试弓箭格",突出地表现了女真族对军事人才的需求及其游牧族传统的特点,较之唐宋及辽均有独到之处。

元朝在建国之初便曾考虑过设立科举的事。如窝阔台夺取中原地区后,便根据中书令耶律楚材"儒术选士"的建议,开科取士。当时元太宗曾下诏设经义、辞赋和策论三科考试,凡专治一科,不失文义者便可通过。汉族知识分子虽被俘为奴隶,亦可就试,当时有4030人被录取,使元王朝及时得到所需人才。但因蒙古贵族在学习辽金统治经验的同时,施行了民族歧视政策,主要官职由蒙古贵族和色目人上层担任,他们多靠荐举和特权做官,对科举制并不感兴趣。所以,元朝初年虽设过科举,但屡遭废止。虽然汉官和一些少数民族的文化人多次请求开科取士,但屡屡没有回音。据《元史纪事本末卷八科举学校之制》记载:"世祖至元二十一年十一月,诏议立科举法,不果行。元自太宗下中原,用耶律楚材议,命朝臣历诸路考试,以论及经义、词赋分为三种,作三日程。专治一科,能兼者听,得东平杨英等若干人,皆一时名士。而廷议或以为非便,事复中止,至元年初,丞相史天泽、学士王鹗屡请帝以科举取士,诏令中书议定程式。又请依前代立国学,选蒙古人诸职官子孙百人教习,俟其艺成,然后试用。皆未及施行。至是,丞相和礼霍孙与留梦炎等复言:'天下习儒者少,而用刀笔使得官者多。'帝曰:'将若之何?'对曰:'惟贡举取士为便。凡蒙古之士及儒吏、阴阳、医术,皆令试举,则用心为学矣。'帝可其奏。会和礼霍孙罢,事遂止。"这说明在元朝初年,科举制的建立是较困难的,虽然一些有识之士提出了一些很好的建议,如在科举中加入阴阳(以天文、历法、算学为主要内容)、医术等科技方面的内容,在一定程度上继承了隋唐科技教育和医学科、算学科等用人考试的做法,但后来因为正统儒学逐渐占据统治地位,所以,这些建议没有得到施行。

在此以后,据《元史记事本末》载,元成宗元贞元年七月曾经"诏申饬中外,有儒吏兼通者,各路举人廉访司,每道岁贡二人。省、台立法考试,中程者用之。所贡不公,罪其举者"。其所采用的方法和汉代的辟举(或曰察举)所用的方式大致相同,是在科举制没有正式实行时期的一种临时措施。

元仁宗皇庆二年,经中书省大臣极力上疏提倡,申明实行科举制是元朝历代君王的愿望,对元朝统治的巩固,对效法隋唐统治之术,繁荣文教皆大有裨益,仁宗才于当年十一月同意开科举士,制定科试条例。据《元史·选举志》记载,当时仁宗曾下诏曰:"惟我祖宗以神武定天下,世祖皇帝设官分职,征用儒雅,崇学校为育才之地,议科举为取士之方,规模弘远矣。朕以眇躬,获承丕祚,继志述事,祖训是式。若稽三代以来,取士各有科目,要其本末,举人宜以德行为首,试艺则以经术为先,词章次之。浮华过实,朕所不取,爰命书参酌古今,定其条制。其以皇庆三年八月,天下郡县举其贤者能者,充赋有司。次年二月,会试京师,中选者朕将亲策焉。科场,每三岁一次开试。举人从本贯官司于诸色户内推举,年及25岁以上,乡党称其孝悌,朋友服其信义,经明行修之士,以礼敦遣。其或循私举,并应举而不举者,监察御史肃政廉访司体察究治。考试程式,蒙古、色目人第一场经问五条,《大学》、《论语》、《孟子》、《中庸》

内设问,用朱氏章句、集注。其义理精明,文词典雅,为中选。第二场策一道,以时务出题,限500字以上。汉人、南人第一场明经、经疑二问,《大学》、《论语》、《孟子》、《中庸》内出题,并用朱氏章句、集注,复以己意结之,限300字以上。经义一道,各治一经,《诗》以朱氏为主,《尚书》以蔡氏为主,《周易》以程氏、朱氏为主,以上三经兼用古之注疏,《春秋》许用‘三传’及胡氏传,《礼记》用古注疏,限500字以上,不拘格律。第二场古赋、诏诰、章表内试一道,古赋、诏诰用古体,章表、四六,参用古体。第三场策一道,经史时务内出题,中矜浮藻,惟务直述,限1000字以上。蒙古、色目人作一榜,汉人、南人作一榜。第一名赐进士及第,从六品;第二名以下及第二甲,皆正七品;三甲皆正八品。两榜并同。”从诏书中可以看到,元代有关科举的所有规定,涉及考试的日期、科目、内容、场次、要求以及科考后的待遇等。与以前各朝不同的是,这次的诏书明确表现出民族歧视的特点,蒙古、色目人只需经两场考试便可中进士,汉人和“南人”要经过3场难度大的考试才能入选,甚至公布考试名次时还要分两榜。在这方面,元朝更甚于辽、金两代。相同的地方是,在教育内容里都包括了《四书》和朱熹的章句及注疏,可见元朝对程朱理学和儒家的经典是非常重视的,不管是哪个民族,都必须掌握有关的知识。

仁宗延祐二年三月,元朝举行廷试进士,护都沓儿和张起岩等及第,并被赐予出身。四月,在翰林院为新进士设荣恩宴,显示朝廷对人才的重视,同时也促使科举制进一步固定下来,为日后的发展铺平了道路。

元仁宗时,虽然科举制度进一步健全、完善,但科举考试对做官入仕并非十分重要。据《元史纪事本末卷八科举学校之制》载,仁宗延祐二年,除赐士出身外,“又赐会试下第举人70以上从七品流官至仕(从现行官僚机构中退休,而进入教育系统之中),60以上府州教授,余并授山长、学正”。不仅如此,元朝还在惠宗元统年间和至元初年在朝廷中展开了是否罢免科举的争论。虽然,吕思诚、许有任等奋力争辩,但丞相伯颜(色目贵族)一意罢免科举,遂在至元元年十一月“诏罢科举”。事隔五年之后,元朝又于至元六年再度施行科举,并明确规定:"国子监积分生员,三年一次依科举例入会试,中者取一十八名。"加强了科举与学校的直接关系。

由于元朝的时间较短,所以在整个元朝只举行过七次进士考试。每次录取的名额,两榜总数量多为 100 人,最少为 50 人。从元朝开始,科举考试用宋儒朱熹的《四书集注》为标准,从中出题,依此制卷,使宋代理学的传播与教育和元朝的科举制结合起来,促使中原文化进一步普及,同时在束缚民众思想及维护其统治方面,也起了积极作用。宋代理学,尤其是朱熹的思想,至元朝才抬到如此的高度,对元朝,乃至以后社会文化及学术思想的发展形成了严重的障碍。辽、金、元三朝在实施科举制度上是前后关联、一脉相承的,并且有一个明显的促进和发展过程,这三个朝代的统治者吸取了当时和前代汉族政权实施科举制过程中积累下来的丰富的经验教训。因为,在他们看来,同是少数民族政权利用科举笼络和统治汉族知识分子和汉族民众,在科举制的实施上必然有许多共同之处。当然,他们也在统治过程中不断改进和完善科举制,补充前代的不足。在汉族知识分子看来,从辽代专为汉人设科,不准契丹人考试,到金代的南北选,设女真进士科,再到元代分蒙古、色目人和汉人、南人诸科,分立两榜,是民族压迫的加剧。而对契丹、女真和蒙古民族的统治者来说,则是对科举制认识的不断提高和思想控制的加剧。

辽、金、元三朝科举和教育的关系是逐渐加深的。辽代虽有国子学、太学等教育设施,但学生毕业不一定考科举,尤其是契丹贵族子弟,更不能接触科举。可是,在人们心目中,科举是一条荣耀的仕途,它仍然在客观上促使很多人专心向学,促进了当时文化教育的普及。在这一时期,科举主要与私学发生联系。金代号称科目得人最盛,学校的发展也远远超过了辽代,各级官学的学生都可以投考进士和举人,这对文人学子无疑是一个很大的正向激励。元朝的学校比金朝又有所发展。在全国范围内的中央和地方学校、书院以及各种私学等,都受到科举制度的影响,甚至逐渐变成科举的附庸。从史料上看,在唐宋时期科举制度暴露出来的以上弊病在辽金元时期也有所表现。元好问曾在《闲闲公墓铭》中写道:"……辽则以科举为儒学之极致。假贷剽窃,牵合补缀,视五季又下。"辽代虽然实行科举取士之制,但学校并不发达,学术风气也不浓厚。金朝在科举上也有很多弊病,虽然朝廷屡次强调要宁缺勿滥,但是在当时的条件和文化背景之下,终究还有"滥举",以及营私舞弊的现象,甚至出现朝廷允许的以钱财买举人头衔、纳钱就试的现象。后因孙德渊上奏极谏"此大伤名教",才被阻止。到金末哀宗时,朝廷索性明确规定:"许买官,及许买进士第。"科举制度完全失去了原来的意义,成为上层统治者的入仕捷径。到元朝,首先,科举考试内容被官方禁锢在《四书集注》之中,极大地限制了文人学子的思想,影响了教育及学校空气的活跃;其次,严重地存在着各种弊端。元惠宗至元元年,在元朝政府中发生的有关实行科举考试的争论,其主要原因和攻击理由之一就是"举子多以赃败""科举取人,实妨选法"(宰相伯颜语);最后,元朝通过科举将蒙古族、汉族和其他少数民族割裂开来,人为地造成各民族知识分子的不平等,在一定程度上影响了教育和学术的发展。这几方面的弊端不仅对元朝教育产生了消极作用,对后来明清之际的学校和科举的发展也有不良影响。

第七章 明与前清时期的教育

明代与前清（鸦片战争前）的教育，在文教政策、学校制度、科举取士等主要方面具有许多共同的特性，它反映了中国封建社会教育由成熟走向衰落的过程及其特色。

第一节 教育概况

明代与前清在文教政策上的共同点有如下几个方面。

(一)尊经崇儒，以程朱理学作为官方正统学术加以推崇

明初，为加强朝纲和思想建设，明太祖在《御制大诰》中提出要"申明我中国先王之旧章"，以为元代将儒、佛、道并称为法令是"有犯先王之教，罪不容诛!"①要求国家取士，以宋儒传注为宗。于是，"一宗朱子之学，令学习者非《五经》、孔孟之书不读，非濂、洛、关、闽之学不讲"。② 明成祖时，令儒臣编辑《五经》《四书》及《性理全书》，颁行天下。由此，程朱理学作为官方统治思想的地位被确立下来。尽管明中后期，阳明学风行天下，但始终未被官方尊崇。清初，程朱理学地位更加提高。康熙帝令理学大臣辑《朱子全书》66卷，并亲自作序，称非朱子学"不能外内为一家"，"非此不能仁心仁政施于天下"③。由于朝廷的竭力提倡，故"世之治举业者，以《四书》为先务，视《六经》为可缓;以言《诗》，非朱子之传义弗敢道也;以言《礼》，非朱子之家礼弗敢行也;推是而言，《尚书》、《春秋》非朱子所授，则朱子所与也。言不合朱子，率鸣鼓而攻之"④。在清代，程朱

---

①明太祖:《御制大诰》。
②③《朱子大全序》。
④《曝书序集·道传录序》。

理学不仅作为官方统治思想，而且作为学术根本，学校的教学内容纯为述朱教学，仅为"崇宋学性道，而以汉儒实之"。汉学虽被提倡，但只是朱学的补充或手段而已。

(二)治世用文臣,奉行科举取士

明太祖用武安天下之后，采纳文臣建议，要用贤才治天下。洪武二年上谕中书省："朕为治之要，教化为先，教化之道，学校为本。"[①]于是在全国大兴学校，中央设国子监，地方设府州县学，再下设立社学，形成自上而下的学校网。举办学校重在为国家养士，而取士则通过科举考试。明建国之初就设文武科取士之法。明制，科举为盛，卿相百官多由此出，非科举不得为仕，非进士不入内阁，学校为养士、储才以应科举取士的机构，故学校与科举、吏制三位一体。清承明制，以科举为遴选人才之大典，学校储才亦为应科举考试而已。

明清的科举制度是一脉相承的，三百余年几无变化，且取士与任官多从科举一途。明代试士，以《四书》《五经》命题并以朱子集注为依据，"其文略仿宋经义，然代古人语气为之，体用排偶，谓之八股，通谓之制义"[②]。以八股文试士为明代之创造，清代承之。明代科举定式为："初场试《四书》义三道，经义四道。《四书》主朱子《集注》，《易》主程《传》、朱子《本义》，《书》主蔡氏《传》及古注疏，《诗》主朱子《集注》，《春秋》主《左氏》《公羊》《谷梁》三传及胡安国、张洽《传》，《礼记》主古注疏，永乐间，颁《四书五经大全》，废注疏不用。其后《春秋》亦不用张洽《传》，《礼记》只用陈浩《集说》。二场试论一通，判五道，诏、诰、表、内科一道。三场试经史时务第五道。"[③]三场中尤重首场七篇制义。清承明制，乡会试首场试《四书》三题，《五经》各四题，士子各占一经，二场试论一道，判五道，诏、诰、表、内科一道；三场试经、史、时务策五道。明清考试分为四级，即童试在州县，乡试在省，会试在朝廷，廷试或曰殿试在皇帝。童试由州县长官主

---

①《明史记事本末》卷十四。
②③《明史》卷七十《选举志二》。

考,中试者为"秀才";乡试由朝廷派遣主考官,中试者为"举人";会试由礼部主持,中试者为"进士";廷试由皇帝亲自复式进士,考中后为一、二、三甲,一甲三人称状元、榜眼、探花,赐进士及第,二甲若干人赐进士出身,三甲若干人赐同进士出身。进士根据出身授官。乡试在子、午、卯、酉年,会试则于辰、戌、丑、未年。乡试在八月,又称"秋闱",会试于次年二月,故称"春闱"。明清各朝考选进士名额均因朝廷所需官员数额而定,或百名,或三百至四百名不等。

(三)实行文化专制政策,对士人或学校严密进行思想控制,大兴文字狱

明太祖兴文字狱,对学官儒士妄加诛杀,弄得读书人人人自危。明中后期,为推行专制独裁统治,对稍有不满于朝廷者就以文字之罪治之。清朝为禁锢思想,钳制舆论,推行文字狱政策长达百年之久,其罗织者之众有甚于明代。康、雍、乾三朝之字狱案达 150 余起,狱中日死数十人,"生人与死者并踵而卧"①。此外,还大量搜禁焚书,仅乾隆三十九年至四十七年间,就焚书 24 次,538 种,共 13862 部,焚毁图书之多,为历代罕见。士子为避文字狱祸,缄口寂思,因循八股,死气沉沉,为任者只有俯首帖耳,谨小慎微。学术无所创新,教学上只好"述朱"或考据训诂。因此,明代与前清的学校教育在清规戒律禁锢之下,唯有磨勘八股以应科目而已。

第二节 实学教育思潮

宋代的程朱理学教育经宋、元、明三代,历时五百余年,由官学化转向八股化,尽管在明中叶受到阳明学派的猛烈冲击,死板僵化的弊病有所纠正。但亦因阳明学派以修心养性为教育宗旨,而轻忽社会现实,并没有把阳明学注重独立思考即"致吾之良知"的精神和注重"事上磨练"的实政实学的"体用功夫"发扬光大,以致舍本求末,游谈无根,"任是天

---

①方苞:《望溪集·文狱中杂记》。

崩地陷,他也不管,只管讲学耳"①。这种空谈心性的流弊,从根本说来是宋明理学教育由专意"涵泳体会"书本的"知行分离"发展到离开书本"致良知"的"重心轻物""销行为知",以致"物我两无"的必然结果。程朱理学与陆王心学,实质上是新儒学的两大流派。心学在明中叶批评和改造理学的过程中取得了主导教育思想与实践的地位,它是一种历史的必然过程与结局。

(一)实学教育思潮勃兴的原因与条件

所谓实学,在中国古代教育思想史上是一个历史的发展的教育范畴。古代儒学素以修齐治平为有用之学或经世之学得到统治者的倡导,故以现世人生、政治、伦理的需要作为教育追求与奋斗的目标,强调"下学而上达""通经以致用""化育万物""制天命而用之"。事实上,传统儒家的实学其核心精神,是把伦理作为政治之本的,故把个人道德修养对国家现实政治起积极作用的学术与教育称为"实学"。但是,在具体阐述方面,却百家殊异,有指"六经"的,有指道德修养功夫的,有指兵、农、医、天文、算学的,亦有指其实际从政能力培养的,甚至有指历史学、文字学、考据学方面的,凡此等等,各因时代伦理与政治及学术自身的需要而有具体指代。历史上有所谓"事功之学""格物之学""经济之学""象数之学"等,亦都含有"实学"的意义。宋明理学家们以"道学"即道德之学为"实学",而视文字章句及文词诗赋与举业等为"末学"。王守仁提倡"知行合一"说,批评"析心与理"的"读书穷理"是"知行分离"的"末学",而以"实心磨练""知行合一""即知即行"的道德修养功夫为"实学"。

总之,传统儒家和宋明理学家的"实学"概念,主要是指有益于个人道德修养,并通过道德修养来推动国家政治改良与社会发展的教育理论与实践。客观上,道德教育的目的因受科举制度及社会政治等方面的影响并不能在实践中实现,故宋明理学家的实学只是一种概念性的东西,很难展现出"经世宰物"的功效。所以,也被人们贬为"空谈心性"的"假

---

① 《高子遗书》卷一。

道学"。

明朝末期,一批进步教育家和社会批判家们,有鉴于明朝的政治衰败,按照传统的政教合一观念,推源祸始,归咎于理学教育的"空疏无用",提出"经世致用"的教育观。如明末东林学派要求讲学与现实政治结合起来,"家事国事天下事事事关心",以为"经济不本于经史,实修不得","士不穷探经史,布衣只道听途说,空疏杜撰,一无实学"①。"六经"是"经世之谟","学问通不得百姓日用,便不是学问"②。东林学派倡导的学风,对阳明学派之流空口讲学不务实际的教育实践是一种救正,但是他们的"讲学宗旨,全在揭出性善二字,以砥无善无恶之狂澜"③。以性善说改造"无善无恶"论,要求学问之"实功"返归于复性,约束于仁礼,主张"学问必须躬行实践方有益"④。而在道德修养方法上又以"居静""静养"为实功,这样他们又将所谓实学的路向转回到宋儒的身心性命之学故道,所以只能作为在野士大夫"养吾浩然之气"的道德修养。这种批判,在客观上是没有什么力量的。东林学派在政治舞台上也屡遭挫败,后来遭到血腥镇压,"一堂师友,冷风热血,洗涤乾坤",东林后裔于明末数十年中,"勇者燔妻子,弱者埋土室",悲壮激烈,反而成了政治斗争的牺牲品。

有鉴于东林学派的失败教训,在明朝末期的士林中,一批有识之士开始抛弃以道德为实学的传统,直接从政治需要出发,把有益于拯救明王朝政治、经济危机的刑、名、钱、谷、礼、乐、兵、工之学作为实学。如对农业生产技术的关心,改良品种和土壤;对手工业的重视;注重军事武器的制造,加强国防建设;重视天文、历算以及机械等,使过去长期被视为末技的东西引进了教育内容,由此逐步形成了以"经世致用"的技艺之学来矫正空谈心性之学的新学风。总之,明王朝政治的衰落和内忧外患的加深,使得士林中的有识之士为拯救政治危机,提出了新的教育主张。

---

①②《离子遗书》卷三《示学者》。
③《东林书院志》卷六《高景逸先生东林论学书》。
④《刘子全书》卷十二。

在"经世致用"的精神下,一部分人企图通过知识阶层关心国家大事乃至直接参与政治活动来"持危扶颠",故以政治道德之学为实学。另一部分人则从器物利用方面开拓教育内容,提倡技艺之学,以救正明末空疏学风,所以明末的实学教育思潮的萌动,其根本原因是来自政治需要的。

在中国古代社会,政治现实的需要既可作为新学术诞生的诱因,又可作为一种意识形态发生变革的基本条件。但是在明清之际之所以能产生一种空前未有的实学及实学教育思潮,还有其特殊的社会与文化条件,这就是明中叶以来的商品经济萌芽的继续发展和明末清初之际西学东渐对传统中国文化的冲击与改造。

明中叶的商品经济萌芽,在明后期缓慢地发展,它在客观上影响了人们的价值观念。如传统观念上,读书人不齿农工商贾,"谋道不谋食",但在明中后期,读书人弃学经商,乃至弃官经商的事情则比比皆是,晋绅地主放弃土地经营而改营工商业的也大有人在,读书人亦不想穷困到白头,也不再迷信"孔颜乐处"的成圣成贤古训,在事实上打破了千百年来"万般皆下品,唯有读书高"的传统观念。他们认为"读书个个望公卿,凡人能向金阶走?""农工商贾虽然贱,各务营生不倦勤"。"春风得力总繁华,不论桃花与菜花"。① 士阶层以读书做官为目的转为以技艺谋富,这一人生追求与价值观的异动促使士阶层将知识转化为猎取现实财富的手段。由于工商业技艺知识受士阶层的重视,在发财致富的利欲刺激下,将"四书""五经"束之高阁而致力于一技一艺之长的风气日渐形成。一般读书人是这样,即使是好言道德仁义的道学家们,也日益撕破那种假仁假义的温情脉脉的面纱,赤裸裸地暴露出对物质利益追求的欲望,以为"声色利货"亦合"人欲之天理",甚至主张"欲中存理"。禁欲主义的封建道德教育的防线,一旦为不择手段地攫取钱财的"利欲"观念突破,整个社会的学风势必由谋求"生人之道"的技艺知识的实学教育风气所替代。在明后期出现了大量搜集与整理工商技艺知识的学术著作,如

①《恒言》卷十七。

《天工开物》等。

然而,对中国传统文化学教育内容震荡和冲击最激烈的乃是来自西方传教士对西方科技文化的传播。十六、十七世纪之交,即在我国明末的万历、天启和崇祯年间,欧洲的一批传教士联翩东来,在中国东南沿海和腹地开展传教活动。与此同时,他们对西洋的科学、哲学、艺术等也作了相当广泛的翻译、介绍。其最著者有利玛窦、庞迪我、熊三拔等。利玛窦等人来华传教,打着"不是否定你们的圣经贤传,只是提出一些补充而已"的口号,采取适合中国习俗的传教方式,走上层路线,争取士大夫直至皇帝等统治人物的支持,以学术为媒介,借西洋科学、哲学、艺术,引起了士大夫的注意和敬重。他们在明万历二十八年来到北京,为明王朝统治者开发财源、改良兵器献计献策,后被破例留居北京。数年后,上至宗室,下至太监、显官、贡士、举人、秀才等多人入教,"中土士人授其学者遍宇内"①。文渊阁大学士徐光启、太仆卿李之藻、大学士叶益、少京兆杨廷筠、左参议瞿汝说、吏部给事中瞿式耜等人,为奉教中尤著者。明末文人李贽、陈继儒、董其昌等与耶稣传教士多有相交,明清之际学者黄宗羲、方以智、李二曲、刘献廷等对西学有所研究,他们把向西方传教士学习自然科学与发扬中国古代自然科学结合起来。

明清之际的实学,在内容与性质上均因为西学的渗入而大不同于传统的实学。不再是以成就德行为宗旨,而是以生产与生活需要为目的的应用科学技术知识,及其以此为内容的教育。在内容上西方自然科学与技术知识同中国传统的科学技术有机结合,而且基于对西学的介绍,也对中国传统的科学技术进行了系统的整理和改造。如数学,中国古代的几何学只有平面图面积、内外切圆、平行线等理论,表述方式也不甚精密。由利玛窦与徐光启合作,将《几何原本》这部当时流行于欧洲的欧几里德平面几何的系统著作翻译过来,使得充分公理化的理论丰富了中国几何学的内容,并完善了表述方式。由利玛窦口授和李之藻翻译并传播

①高龙培:《江南传教史》上编第一卷第十章第三节。

的《同文算指》，所传入的比中国固有的"筹算""珠算"更捷便的西洋笔算法以及"验算"方法，弥补了中国古代传统数学的缺陷。在物理学方面，熊三拔著的六卷《泰西水法》，为徐光启结合中国固有的水利知识完成《农政全书》水利专章，提供了重要科学依据。邓玉函与中国学者王徵合译的《远西奇器图说》三卷，介绍了物理学中的重心、比重、杠杆、滑轮等原理，以及简单的机械制造法。汤若望著的《远望说》，首次介绍了西方的光学。在地理学方面，由利玛窦绘制、李之藻刻印的《坤舆万国全图》，介绍世界五大洲知识，并形象地展现了东西半球寒温热五带的地理常识。庞迪我翻译《外国地理志》，为《海外舆图全说》二卷，艾儒略据此绘图立说，著成《职方外纪》五卷，这是一部较全面介绍世界地理知识的教科书。这些地理学的传入，有助于中国人突破原有的"天下"地域视野，形成比较开阔的地理观念，打破了中国人长期沉迷的"天圆地方说"，接受了"地圆学"知识。在天文学方面，利玛窦介绍的从亚里士多德至托勒密有关天文学知识的《乾坤体义》一书，对中国士人重新认识天文大有帮助。和玛窦、汤若望等相继协助徐兆启和李之藻修改历法，运用比较精密的数学知识和天文仪器完成了《崇祯历法》，修改了中国从前沿用的《大统历》和《回回历》。《崇祯历法》至今仍在沿用。此外，西方传教士汤若望等人还传授了西方的武器、军火制造技术，大炮开始应用于军事，而且汤若望与焦勖合著的《则克录》（一名《火攻挈要》）介绍了炮台建筑、各种炮身的铸造技术、火药配制、大炮施用及炮兵教练等知识。在传播这些西方科学技术知识的同时，由于知识传授的需要，也大量介绍了西方自然科学的教学方法，如实验教学法以及与各门知识传授相应的教学法等。总之，西学的传入对于改变中国传统的实学内容及性质，促进实学教育向自然科学技术领域扩展，以至于形成明清之际的实学教育思潮，都是不可缺少的文化条件。

（二）实学教育思潮对理学的改造

（1）关于教育理论的改造。严格说来，宋明理学家的教育理论，是以性命之学作为理论基础的,重在阐述教育对个人身心性命盼道德化改造,以造就道德完人。对技艺则颇鄙视,不把它列入理学教育内容。明清之际由于实学思潮的兴起,人们不满于这种空洞无物和无用于政治及人生的理学教育,并以为真正的孔孟之学,应是"大者以治天下,小者以为民用,盖未有空言无事实者"①。明清之际的实学教育思想家们,从实学精神出发,深刻反省、检讨和批评理学教育,以为"自宋以来,圣言大兴,乃从事端于昔,树功则无闻焉"②。其教育内容,"以语录为究竟,仅附答问一二条于伊、洛门下"③。高谈阔论,百无一技,口能言"万卷经史,满腹之词",只是"守章句以时文应比","疲精敝神于八股"④,然而"一旦有大夫之优,当报国之日,则蒙然张口,如坐云雾"⑤。"半策无施,惟拼一死"。当大兵压境时,也只好"甘心败北,肝脑涂地,而宗社墟生民弃矣"⑥。有鉴于此,他们指出,才是德之本,"道无定体,学贵适用"。读书人不学技艺,不求实功,空言道德性命,使天下百姓或死于饥馑,或死于兵革,或死于虐政,或死于外暴,或死于内残,这种教育又有什么道德价值呢?明末清初的实学教育思想家目睹明朝灭亡的惨痛教训,以为"天地河山忘类泡影,万物百姓遗等刍狗",天下鱼滥河决,生灵涂炭,均是教育舍事功而空讲道德的罪过。即使理学教育实现了道德教育目标,亦在明末朝廷倾覆之时,"国多孝子而父死于敌,国多悌弟而兄死于敌,国多忠臣而君死于敌,身为仁人而为不仁者虏,身为义人而为不义者虏"⑦。所以与其整日诵读程朱之书,袖手谈性天,静观良知,"不如成一才,专一艺,犹有益于治"⑧。

明清之际的实学教育家们,在教育理论方面着力于改造传统的教育

①《黄黎溯文集·今水经序》。
②③《潜书·辨儒》。
④《恕谷后集》卷九。
⑤《黄黎洲文集·赠编张弁玉吴积君墓志铭》。
⑥李塨:《平书订》卷三。
⑦《潜书》。
⑧《潜书·性功》。

价值观,在否定理学道德教育的消极作用的同时,极力抬高技艺教育的地位,以为古代的科学技术,如"天文、形胜、兵农、水利、医药、种树、阴阳技巧之类",都是"经世致用"的实学,有经邦弘化、开物成务、康济时艰的作用。如王夫之主张,士子必须研习"天人治乱、礼乐、兵刑、农桑、学校、律历、吏治之理"①。颜元主张以传统的"六府""三事""三物"为实学内容,恢复六艺之教,以造就经邦治乱的真学人才。李塨还提出"行习六艺,必考古准今","参以近日西洋诸法"②。为了改造传统教育价值观,他们从理论上论证了自然科学的合理性,阐述了技艺与才能的关系,并从人性论、认识论以及知识论的角度说明了实学及实学教育对于成就德行和增长才干的必要性,从而对理学教育理论和价值体系进行了全面而深刻的改造。

(2)在教育实践方面,以实习实行的实学教育改造传统的"袖手谈心性"的道德教育。所谓实习实行,就是以农、工、商、兵及治世之道等世务之学为内容,并参以西方的科学技术,结合社会生产、政治、军事等需要,将其知识应用于实践。如徐光启提出"以数学为宗、重经济物理"的主张。陆世仪更是主张以数学为实学的基础,固"凡天文、律令、水利、兵法、农田之类,皆须用算学者"③。潘耒更是以教学为经世致用之学,以为"测天度地,非数不明;治赋理财,非数不核;屯营布阵,非数不审;程功董役,非数不练"④。强调数学教育必须与实际应用相结合,且重在应用。又如李塨指出:"经书乃德行艺之薄籍,所以治习行,非资徒读。"⑤陆世仪亦说,好学在实行,不在笔墨之间。实行即"习事",或修水利,治农田,或熟谙兵法,能带兵攻城陷阵。故实学应与实用相结合,如学治农,必须躬耕于乡,"以验农田水利之实"。总之,"教必著行"。通过教育与知识应

---

①《恶梦》。
②《恕谷年谱》卷三。
③《思辨录辑要》前集卷一。
④《逐初堂集》卷七《方程论序》。
⑤《论学》卷一。

用的结合,可以使人真正掌握科学技术知识与才能,获得必要的科学方法与手段。在教育实践方面,明清之际实学教育家对传统的"格物穷理"教育理论与实践进行了重大改造,使它纳入自然科学教育领域,即抛弃那种作为修身养性的道德修养功夫,使之变革为对自然科学技术的研究,"格物"为实践或试验,"理"为自然科学之理,使"格物穷理"成为对自然科学学习与研究以至于实际应用的"实学"原则。由于这些,教学方法也有重大变革,这主要表现在传统的内心直观顿悟与内省方法被抛弃,而转向对"试以实事"的科学实验、实地考察以及注重以实证方法来研究、考证前人的学问。在明清之际如宋应星、徐光启、李之藻、徐霞客、李时珍、黄宗羲、顾炎武、颜元、李塨等人,都因为受这股学风的影响,分别在自然科学、技术应用、机械制造、地理考察、医药分析、社会调查以及经学、史学、文字学等方面作出了突出的学术贡献。不仅如此,而且明清之际兴起的考据学,从实证精神及治学方法来说,都是这种实学思潮的时代产物。考据学尽管其价值不如自然科学技术那样高,但它对于考证理学的谬误,对儒学经典时代精神的弘扬,及对我国古代文籍的整理和使传统教育内容趋于"返本归真"等,都有改造理学教育的实际作用。明清之际由于实学教育思潮的勃兴,出现了我国古代自然科学的繁荣局面,科技教育也呈现出鼎盛气象。

总之,明清之际实学教育思潮的勃兴,是宋明理学走向没落时期的一场教育改革思潮。这股教育改革思潮兴起于民间,历时近一个世纪,从理论与实践方面,由于弘扬了中国古代的科学技术和介绍、传播了西方资本主义初期的自然科学知识,使得我国古代传统教育在价值观、知识内容以及教学方法等方面,都发生了重大的历史转折,为中国近代批判旧教育和大胆学习西方科学技术及其教育,作了一次历史性的尝试。所以,它在中国古代教育史上占有重要的地位。

第三节　清初实学教育家的教改实验

明清之际实学教育思潮兴起之后,不仅对理学教育理论及实践的流弊进行了猛烈的批判,也对教育内容与方法进行了改造。实学教育家在学校教育制度方面开始了实学教育实验,并在此基础上提出了具有清末新式教育性质的教育蓝图,将明清之际的实学教育思潮推向了高潮。

明清之际的实学教育思潮是一股兴起于民间的反理学、倡实学的教育改革运动,因此它在理论与实践的表现形式上也主要是把着眼点放在学术本身和书院教育的改造上。书院作为一种文教机构,既是为官方政治服务的教育机构,亦为民间士阶层从事教育活动、学术研究以及结社集盟之所。明清之际的党社运动曾将书院中的政治活动与学术活动推向社会化,使得士阶层通过书院场所施展了他们的政治、学术、教育以及其他方面的才能。与此同时,一批抱负不凡的实学教育家,也力图通过对书院的改造,来从事教育改革的实验,以进一步推动传统教育的改造和对实学的提倡。

明清之际的进步思想家,力图打破书院研习理学的传统,以实学作为教学内容来改造书院教育的大有人在,如徐光启、李之藻、方以智以及陆世仪、颜元等。在当时,实学教育已在部分书院中进行。同时,由于当时民本主义思想作为反对集权专制统治的思想武器,被进步思想家们所运用,如黄宗羲明确提出,书院教育除了培养经世致用的各种人才之外,还应当成为"听政于国人"的参政、议政、监政机关,使天下之是非皆出于学校,书院教育为推动社会、政治、学术变革服务。这些思想为书院教育改革提出了重大的政治课题,反映了实学教育家改革理学教育的深层目的。

然而,思想的提出是一个方面,但另一方面,思想的实现程度总是以现实的许可为条件的,黄宗羲的书院变革思想在封建社会是无法实现的,因为专制统治绝不允许读书人通过书院或学校形式来主宰国家朝政。在明代不允许学生干涉政治,清代同样将这一规定刻于学规卧碑上。事实上,学校也不可能成为推行民主政治与教育合一的机关,只能成为统治阶级用以培养合格的国家官僚政治队伍后备军的场所和少数读书人政治社会化的教育机构。黄宗羲提出要使"治天下之具皆出于学校",鼓吹书院议政和读书人参政、监政,从根本上说是作为政治改革措施提出的,在学术与教育方面,也确含有以学术和教育手段来改革社会政治的思想意义。他认识到,民主政治的实现必须依靠两个基本条件,一是教育必须主导政治,二是教育必须基于严实的"实学"。这里的实学不仅是指以科学技术等知识培养经世致用的治国人才,而且还包括受教育者具备民主政治素质,而民主素质的形成必须依赖于"经世致用"即"系民生忧乐"的实学。他以为传统的理学教育教人"存天理,灭人欲""修己治人",只为一家一姓君主服务,不能培养政治民主之士。因此,学校教育内容除"五经"外,还应当有兵法、历算、医学、射术等各项实学。黄宗羲以实学造就人才和通过教育改革推进政治改革的思想,在当时对人们是有启发的。如果说明清之际的黄宗羲在思想理论上提出了教育改革的思路,则清初的颜元在教育实践上迈出了教育改革试验的可贵一步,这就是他从事漳南书院的实学教育实践。颜元(1635－1704),是清初北方颜李学派的创始人,他和弟子李塨所倡导的"习行之学",是当时很有影响的实学。颜元和李塨不满足于明末清初实学教育家的纯理性批判,转入教育实践上的改革和探索。颜元62岁时,在肥乡县的屯子堡主教漳南书院,他把实学教育思想与主张落实在教育改革的计划与实验中,为教育内容的改造作了可贵的探索。

首先,漳南书院根据实学性质与作用,设置了文事、武备、经史、艺能、理学、帖括六斋。文事斋设有礼、乐、书、数、天文、地理等科,武备斋设黄帝、太公及孙吴诸子兵法、攻守、营阵、陆水诸战法并射御技击等科,经史斋设十三经、历代史、诰制、章奏、诸文等科,艺能斋设水学、火学、工学、象数等科,理学斋设静坐、编著程朱陆王之学科目,帖括斋课八股举业。理学斋与帖括斋本与实学教育相水火。颜元设置此二斋的目的在于"以示吾道之广,且以应时制"。同时作为前四斋的对立面,可以作为新旧教育即实学教育与理学科举教育的比较研究,当实学教育实验成功之后,理学斋及帖括斋就会废除。在中国教育史中,分斋教学早在宋代就出现了,这不是颜元的发明。而漳南书院分斋教学的特点在于它根据明清之际实学教育思潮对中国古代科学技术的总结与对西学的吸收,将中西的实用之学有机纳入了学校教育体系,创建了一个兼文科、理科、工科、军事和传统教育科目为一体的新教育的雏形。

颜元把漳南书院的实学概括为"六府""三事""三物"。所谓"六府",即中国传统学术概念的"金、木、水、火、土、谷";所谓"三事",即"正德、利用、厚生"之事;所谓"三物",即《周礼》所言的"六德""六行""六艺"。颜元将其实学标为六府、三事、三物,除了说明实学是"古已有之"的"真儒学"外,还在于他以此传统的学术分类方法将各类自然科学技术合理地纳入实学体系。如"六府","言水,则凡沟渠、漕挽、治河、防海、水战、藏冰、鹾榷诸统之条;言火,则凡焚山、烧荒、火器、火战与夫禁火、攻火诸燮理之法统之矣;言金,则凡冶铸、钱货,修兵、讲武、大司马之法统之矣;言木,则凡冬官所职,虞人所掌,若后世茶榷,抽分统之矣;言土,则凡体国经野,辨五土之性,治九州之宜,井田、封建、山河、城池诸地理之学统之矣;言谷,则凡后稷之所经营,田千秋,赵过之所补救,晁错、刘晏之所谋为,屯田、贵粟、实边、足饷诸农政统之矣"[1]。由此可见,六府的内容包括了农、工、商、兵、地理、财政、运输、机械、技术等方面。颜元说:"凡为吾徒者,当立志学礼、乐、射、御、书、数及兵、农、钱、谷、水、火、工虞。"[2]尤注重六艺的教学。

其次,颜元在探索和举办实学教育的过程中,提出了实习实行的教学原则与方法。他批评程朱理学的教学方法是"汉儒佛老交杂之学",其斋中"诗书盈几,著解讲读盈口,闭目静坐者盈座"。形如泥塑之人,教与学全无习行之实。朱熹教人亦"半日静坐,半日读书",实际上是教人"半

---

① 李塨:《瘳忘编》。
② 《习斋先生年谱》卷上。

日当和尚，半日当汉儒"，只能培养出手执"四书"、"五经"的和尚。[①] 颜元尖锐地指出，由于宋代理学教育脱离实际，以至于北宋虽有数十"圣贤"，"上不见一扶危济难之功，下不见一可相可将之材，两手以少帝付以海，玉玺与元矣！"[②]有鉴于理学教育的弊端及其所造成的教训，颜元指出，与其"为全体大用之虚"，不如"为一端一节之实"，因为教育在于培养和造就"终身尽力于文、行、体、用之实"的"为天地造实绩"的人才。只有这样的人才，才是"斡旋乾坤，利济苍生"的真圣贤。而脱离实际的理学教育，教人搦笔呻吟，坐而论道，"见料理边疆，便指为多事；见理财，便指为聚敛；见心计材武，便憎恶，斥为小人"[③]。颜元不仅对宋明理学教育的流弊进行了深刻的理论批判，而且从教学原则上也阐述了真儒学与技艺实学的关系，以为一技一艺均是实学，儒学应在实学实功中体现，因此实学教育的根本原则与方法应当注意习行实践。他说："千年大患只为忘了孔门'学而时习之'一句也。""吾辈只向习行上做工夫，不可向语言文字上著力。"[④]他还指出："心上思过，口上讲过，书上见过，都不得力，临事时依旧是所习者出。""心中醒，口中说，纸上作，不从身上习过，皆无用也。"[⑤]所谓习行教育原则与方法，是强调教学要与实际的知识应用结合起来，对某一技艺要经常练习，以至于应用到生产劳动之中。如他教学生王法乾："农政要务，耕耘收获，辨土酿粪，以及区田水利，皆有读书。"[⑥]均要与生产劳动过程结合起来，不是空口讲说的。非但技艺教育是这样，就是道德教育也应当"身实学之，身实习之"[⑦]。他说："学之患莫大于以理义让古人做。程朱劝言古人如何如何，今人都无，不思我行之即有矣，虽古制不获尽传，只今日可得而知者，尽习行之，亦自足以养人；况因偏求全，

①参见《朱子语类评》。
②《存学编》卷二。
③《习斋年谱》卷下。
④《习斋言行录》卷下。
⑤《存学编》。
⑥《习斋先生年谱》卷上。
⑦

即小推大,古制亦无不可追者乎？若只凭口中所谈,纸上所见,内心所恩之义理养人,恐养之不得且固也。"①还说:"天文、地志、律历、兵机数者,若洞究渊微,皆须日夜讲习之力,数年历验之功,非比理会文字,可坐丽获也。"②颜元以为,习行原则与方法的精神实质,在于"教天下以动之圣人","皆比动造成世道之圣人","一身动则一身强,一家动则一家强,一国动则一国强,天下动则天下强"。习行礼乐射御之学,要在习行,坚持习行原则与方法,"小之却一身之疾,大之措民物之安"③。这些教育原则与方法,在漳南书院的教育计划中均付诸实践。《习齐记馀·漳南书院记》载:"师生门人行孝悌,存忠信,习礼习乐,习书数,穷兵农水火诸学。"即在漳南书院教授生徒时,施教无不从"习行"二字做起。总之,颜元的习行教育原则与方法,重在提倡通过实践活动来掌握实学知识及其应用能力,它打破了宋明理学教育只重书本知识和内心反省的传统。这些教育改革实验,为我国古代传统教育过渡到近代新式教育作了开创性的探索。在清末书院教育改革运动中,诸如康有为、梁启超、张之洞等人,都从不同的角度和需要出发吸收了颜元的教改经验。清初,在实学教育的探索方面,还有像梅文鼎、康熙皇帝、戴震等人在自然科学技术教育方面也作了可贵的实验。

梅文鼎(1633—1721),江南宣城人,清初数学家和自然科学教育的倡导者。在明清之际实学思潮勃兴时期,注重自然科学技术教育已成一时风气。梅文鼎的父亲梅世昌,"少小有经世之志,自治经外,若象律、坤舆、阴阳、律历、阵图、兵志、九宫、三式、医药、种树之书靡所不搜讨殚究"④。梅文鼎自小受家教影响,崇尚实学,"少时侍父及塾师罗王宾仰观星气,辄了然于次舍运旋大意"⑤。后来拜明逸民倪正学习历法。由于对历法学习的需要,他刻苦钻研数学,并且对医方、葬术、六书、九数、制器、

---

①②《存学编》。
③《习斋言行录》卷下。
④《榕村续集》卷五《处士梅徽瞿先生墓碣》。
⑤《道士堂文集》卷三十《梅文鼎传》。

审音、丹经、子集百家很感兴趣,以为这些与经史都是实学。通过对诸子学术的研究,梅文鼎认识到数学乃是一切"经济有用"之学的核心,是实学教育的基础课目,"上以是为治,下以是为学,无往不资其用"①。他批评自科举教育兴盛,数学及自然科学遂成为学校教育内容之外的"异学",由此导致轻视实学而以章句帖括为学的腐败学风长期制约了"真儒学"的发展。身通六艺的人才自汉代以后,尤其是元明两朝,寥寥无几,"身为计臣,职司都水,授之推算,不知横纵者十人而九也"②。仅存的几部数学著作,均不为文人所习。数学衰落,实学废弃,不仅使儒学失去自身固有的学术价值,而且它不能造就实用人才。他以为,"治国需经济才","学术者,人才所由生而治乱系焉,非细故也"③。也就是说,实学能否作为教育内容培养经济人才是关系国家政治的大事。

　　基于上述认识,梅文鼎提出建立专门教学与研究数学和天文等自然科学的新式学校,使同道之人在这种新式学校里共同切磋,研讨天文、历算等自然科学知识。这种学校在体制上略仿苏湖规制,使自然科学知识成为一门独立的教学科目,学生在学校中"计日为程,因材而学,随其资力,各有所成"④。创办这种学校的目的,旨在培养实学人才,使被科举教育所淹废的中国古代自然科学得以继承与光大,亦使西方传入的科学知识融入中国文化体系。梅文鼎毕力于数学、天文研究,撰述了大量的天文与历算方面的著作。在他编著的数学教材中,其知识几乎涉及了当时西方传入中国的所有的数学知识,其代表作有《笔算》《筹算》《度算释例》《几何通解》《几何补编》《平面三角举要》《弧三角举要》《环中黍尺》《堑堵测量》等;天文学方面也是如此,如著作《交食》《七政》《五星管见》《揆日纪要》《恒性纪要》等。如时人万斯同所指出的那样:"会两家之异同,而一一究其指归。"⑤尽管梅文鼎的新式学校构想未能实现,但他所编著自

---

　　①②《续学堂文钞》卷二《中西算学通自序》。
　　③《续学堂文钞》卷二。
　　④《续学堂文钞》卷一《与刘望之书》。
　　⑤《石园文集》卷七《送梅定九南还序》。

论中国教育　131

然科学方面的教材却是十分成功的,许多被应用于清初及后来的数学教育实践中。

康熙皇帝玄烨,是清初文治武功方面很有作为的一代君主。他顺应了时代潮流,不仅在文教政策上主张博采西学之长,倡导经世实用的教育,而且还能身体力行,坚持不懈地学习中国传统经史文化和西方自然科学知识。由于他的倡导和影响,推动了清初实学教育的发展。

清初沿袭旧制,在宫廷教育制度方面开设有经筵和日讲,事实上一般帝王能坚持这一制度的为数甚少,大多数是有始无终,或有名无实。然而康熙皇帝不满这一制度所规限的讲课与辅导学习时间,于是设立南书房,作为他的学习场所,选择翰林院侍读学士张英和流落在京的浙江穷书生高士奇等人日值其中,随时为他讲解经史,研习诸家学术。高士奇在《天禄识余》中记载:"余自康熙丁己叨侍从日值大内南书房,寒暑无间,将十有三年。日惟探讨载籍,与笔砚为伍。"入值南书房的教官,除张英、高士奇外,还有清初大诗人王士祯、陈廷敬,书法家沈荃,文学家方苞,大数学家李光地,精通天文、历算和火器制造的戴梓,兼诗、文、考据之长的"野翰林"朱尊,以及西方传教士张诚等人。

玄烨的学习内容相当广泛,文学、历史、哲学、经学、天文、地理、数学、医学、语言学、农学,乃至音乐等都无不涉猎,有的还颇有见地。玄烨以为学习中国传统文化,经史之学应当是基础知识,而且作为帝王就必须在少时学完,作为有为君王不应当只局限于对传统文化的继承,而在于从国家实际政治、经济和军事方面的需要,掌握经世致用的实学。当他完成经史学习之后,他把学习范围扩大到传教士带来的西方文化方面,如数学、天文学、地理学、药理学、拉丁文、音乐理论、欧洲哲学等。如学习历法,他说:"康熙初年,以历法争讼,互相讦告,至于死者不知其几。……因而诸王九卿等再三考察,举朝无有知历者,朕目睹其事,心中痛恨,凡万几余暇,即专致于天文历法二十余年。所以略知其大概,不至混乱也。"①学习历法,完全出于政治的需要。为了学习历法,他把西方传教士南怀仁召至宫中,以后又陆续聘用葡萄牙的传教士徐日升,法国的白晋、张诚,意大利的闵明我、德里格等到宫中充任内廷行走,为他讲解西方科学技术及文化知识。据白晋讲,玄烨读《几何原本》至少20遍,张诚讲玄烨学习医学,还亲自写文论述消化、营养、血液变化和循环,研究人体的血液循环系统。②玄烨致力于西方自然科学的研习,注重实践,他说:"朕平时读书穷理,总是要讲求治道,见诸实行,不徒空言。""学问无穷,不在徒言,惟当躬行实践方有益于所学。"③在学习过程中,玄烨深知数学是天文、地理、测绘和水利等科的基础,因此在南怀仁、白晋、张诚等传教士的辅导下,学习了欧几里德的《几何原本》、巴蒂斯的《实用和理论几何学》以及代数、三角、对数等多种数学科目,并命张诚等人陆续将西方数学翻译编辑成《几何原本》《比例规解》《测量高远仪器》《八线表根》《借根方算法解要》等十余种满汉文数学著作,后作为教材流传于学校。为了使数学应用于实践,他用其计算物体的面积、体积,河水的流量,河堤的高低、大小,测量某地的纬度,观测、推算天象,纠正了钦天监的许多错误。与此同时,他还认识到数学作为实学的根基,必须在学校教育中受到应有的重视。康熙五十二年,他决定在畅春园蒙养斋设立算术馆,由他的弟子梅珏成、陈厚耀、何国宗、明安图等人主教,"简大臣官员精于数学者司其事,特命皇子亲王董之,选八旗世家子弟学习算法"。后来,他命诚亲王允祉负责组织编纂大规模的天文、数学、药理丛书《律历渊源》,梅珏成、陈厚耀、何国宗等人为主要编纂者。玄烨还组织人才应用西方地理学等知识,利用测量仪器,测量天文地理,绘制了《皇舆全览图》,首次完成了全国陆地版图的勘测和绘制。此外,他还注重优良农作物的培育,留心气象、医学研究,并组织了大规模的编书活动,对传统义

---

① 《三角形推算法论》。
② 参看《清代宫廷史》,辽宁人民出版社1990年版,第121页。
③ 《康熙政要》。

化遗产,尤其是对天文、历算、地理等方面的实学进行了史无前例的总结。所有这些,均对清初及清末的实学教育运动产生过深刻的影响。

清中叶,实学教育风气日见衰落,考据学势力逐渐抬头,这与清王朝实行海禁政策、大力推行思想专制统治的文教政策有紧密关系。尽管如此,主张以实学培养经世致用人才的有识之士,诸如戴震、章学诚等人仍然主张"体用全学",要求把自然科学放在学校教育体系的适当位置。然而,他们的影响是有限的。

实学教育思潮在清末再度崛起,它与鸦片战争以后海禁大开、西学传入,尤其是与以"富国强兵"为宗旨的洋务运动的兴起密切相关。实学教育思潮的兴衰,从根本上影响了中国教育的性质、方向、目的与作用,也影响了各类学校教育实践的变革。

第八章　清末时期的教育

第一节　教育走向世界与传统教育的衰落

在清末,中国传统教育急剧衰落。其原因主要有两个方面:一是教育的外部原因,即它逐步失去了生存的土壤;一是传统教育不能适应社会文化、经济、政治的需要,变革成为历史的必然。

古老的中国是屹立在世界东方的文明大国,在悠久的文化历史中,华夏文明一直走在东方世界文明发展的前面,其教育对东方世界各国和地区的影响是十分广泛和深刻、久远的。自汉代时起,中国的国学就吸收了外国留学生。唐代的教育在日本的传播、移植,对日本的文化发展起了至关重要的作用。宋元明清时期,中国在东方世界的文明影响日益扩大,以汉字为中心的东亚文化圈不仅在东方世界得以发展,而且还传播到了西方。长期以来的文化与教育的优势,形成了中国文化与教育在东方世界的中心地位,使中国与东方世界教育的关系成为一种中心与边缘、优势与劣势、统治与服从、输出与移植的关系。这些关系的保持,助长了民族自信心、自豪感和大国中心主义。直到清末,以教育大国自居的心态仍然保持着,一方面造成人们对中国传统文化与教育的固守与执著,另一方面也影响人们不能以更广阔的世界眼光看待中国以外的异族文化,以致对西方现代科学技术文化持不屑一顾的夜郎自大态度。

中国传统教育,实际上是以儒家经典为核心内容,以"明人伦"为根本目的,以培养封建国家政权各级官员为任务的教育。这种教育,自汉代开始沿袭两千余年之久,形成了根深蒂固的传统。按照比较教育学家萨德勒和康德尔的观点,任何一种教育制度和教育传统,都是由影响民族性的诸因素决定的,如民族社会的特性,民族发展的历史进程、地理条件和经济水平、政治制度和文化传统,等等。同样,决定一个国家和民族的教育哲学的主要因素,也主要是"历史惯例和传统、民族气质、政治问题、一般哲学和宗教世界观,以及在某种程度上包括教育理论和实践"①。从这些观点综合考察来看,"养育中国古代文化的土壤是一种区别于开放性的海洋环境的半封闭的大陆环境;是一种既不同于游牧经济,也不同于工商经济的农业型自然经济,是一种与古代希腊、罗马的城邦共和制、军事独裁以及和印度种姓均相出入的家国一体的宗法制社会"②。地理环境的、物质生存方式的、社会组织的格局等,决定了中国古代教育制度和教育哲学的传统及其延续。

中国古代教育哲学,主要代表是儒家教育哲学。儒家教育哲学的基本特点是以"仁""礼"作为教育理论的出发点,强调教育与政治经济的统一,并以本体论、人性论、道德论、教育论作为建立教育哲学的基本框架,形成了儒家教育哲学的理论体系。儒家教育哲学,是中国封建宗法制和以农业为根本的小农自然经济关系的反映。中国古代社会的国家制度和生产关系不同于古代西欧,西欧是从氏族、私有财产制发展到国家,以国家代替氏族,而中国是由氏族进入国家,国家混合于家族而保留着氏族。中国封建国家保留氏族制度,国与家合一的经济关系和政治关系混为一体,这对于形成和巩固宗法制度起了决定性的作用。在这种文化土壤中产生的儒家文化,其特点之一是强调并具有天下一家的整体观念。家与国合一,社会只是家国的代名词,是一个统一而和谐的等级制度分明的整体,政治关系和经济关系亦被消融在温情脉脉的亲子血缘的伦理关系之中。社会人际关系都是由家为根本而扩大化了的人情关系网,四海之内皆兄弟,君臣、上下、父子、夫妇、师友等关系是一种广泛的伦理关系,而体现和维系这种伦理关系的乃是伦理纲常的"忠孝仁爱"。

---

①(英)大卫·W.布雷克:《论比较教育学的目的和性质:J.L.康德尔的贡献》,《外国教育研究》1982年第 2 期,第 27 页。

②冯天瑜、周积明:《中国古代文化的奥秘》,湖北人民出版社 1979 年版,第 55 页。

儒家的忠孝仁爱纲常伦理学说,把现实的政治关系和经济关系编织在人情伦理关系的网络之中,集中突出了人伦高于一切,道德是现实政治与经济的基础,而作为"明人伦"和培养道德人格与道德风气的教育,亦旨在维护伦理纲常。客观上儒家的教育哲学体系正是以这种社会纲常伦理为核心的,它的中心价值标准是以道德理性为基础的,或表现为人伦道德理性。因为一切政治、经济等社会行为,一切是非、诚伪、曲直、美恶等,其判断的价值标准是是否符合人伦道德规范,是否体现忠孝仁爱。在这一中心价值标准的支配下,从先秦儒家的经典著述到宋明理学家的理义诠释,所体现的教育哲学思维模式或逻辑结构,是本体论、人性论、道德论、教育论的有机统一,即从本体论推行到人性论,再由人性论推行到道德论,然后落实到教育论,同时又通过对教育论的阐发,回归到道德论,进而由人性论到本体论。

中国儒家哲学,从根本上讲乃是以道德理性为根本内容的教育哲学。从顺向逻辑推进来看,本体论是其逻辑的起点,当然这种所谓本体论不在于通过"天""理""气"等范畴的阐释来说明宇宙生成的本原是什么,而在于说明天与人的生成在本原上是一致的,天人合一,进而论证"天道"与"人道"的内在融合性,即人伦道德规范、规则等即"天道"之体现,"人道"只是"天道"的折射,它作为人性的本质和内涵,并不反映人自身的物质需求本能或生理特性,而是宇宙(人是小宇宙)内在的和谐与统一,即社会推衍到道德论。在儒家的教育哲学体系中,纲常伦理赋予人性之中,纲常伦理道德秩序赋予家国一体的社会之中,是天经地义的,教育只在于让人认识人性和社会所固有的"人道",因此教育只有修身养性,最后才能实现"天人合一"的崇高境界。儒家教育哲学的逆向逻辑推理,主要是从道德教育理论方面强调个体的道德修养的,知识技能的学习与训练则处于十分次要的地位,而且一切知识的价值标准亦必须由道德标准来取舍,通过道德知识学习来培养个体的道德理性,通过心性修养以达到完全的道德自觉,以至于达到上无愧于天,下无怍于地,"替天行道"，与天地万物一体之"仁"。在这种教育哲学的主导下，中国传统教育实践培养了一代又一代的忠臣孝子，养成了中华民族崇高道德的民族性格和文化传统，维系了中华民族的大团结和无坚不摧的民族内聚力，使得极度分散的小农自然经济社会达到高度的统一。所有这些，不能说儒家教育哲学和传统教育没有它们合理的地方和值得肯定的历史贡献。

但是，为什么这种以道德理性为中心优势价值标准的传统教育，在西学东渐以后，尤其是鸦片战争以后，急剧走向衰落呢？

首先，从历史原因讲，中国古代社会是一个以农业为基础的自我封闭的社会，长期以来重农抑商，以致不能产生工业，也就没有科学技术生存与发展的土壤，也就没有工业文明社会的科技文化与教育。在封闭的社会里，集权专制政治的唯一目的是谋求它自身永远存在下去，与其说通过教育促进社会发展，不如说保持一种封闭的教育体系使封闭的社会继续下去。落后的封闭的农业社会，以其亲子血缘关系为纽带的个体的农业家庭与社会结构，是封建专制统治赖以存在的基础，而适应于这一基础的封闭的教育体系，亦在于为集权专制统治培养合格的忠臣孝子，在中国两千余年的古代社会里，社会的自我封闭机制是强有力的，教育施于人旨在通过对个性的压制来完善所谓道德人格，在"舍生取义""杀身成仁"的道德实践中，既完成个体人格的自我封闭，亦完成专制统治下的社会自我封闭。"存天理，灭人欲"的节欲教育和"淡泊以养志"的寡欲人生修养方法，以及历代统治者所倡导的"三纲五常"礼教，都奉行了道德理性至上的德育中心原则，从而也形成了历久不衰的以道德理性为中心优势价值标准的文化体系。

在西方国家，则有较强的商业意识和重商传统，尤其在工业革命以后，西欧资本主义工商业的迅速发展，在客观上越来越自觉地将科学技术应用于生产过程之中。在学校教育方面，传统的绅士教育也随着工商业的发展而开始历史性转型，教育与生产劳动相结合成了创造剩余价值的有效途径。尽管西欧有悠久的宗教文化传统，宗教与政治的婚姻却在资本主义上升时期就开始破裂,宗教化的道德统治一旦失去社会控制力量和它自身的权威性,科学理性价值就自然地凸现出来,并日益成为西方社会的中心优势价值标准为人们所认同和巩固。西方中心优势价值标准的历史转换不仅发生在资本主义上升时期,推动了人们的价值观念革新和古典文化的变革,而且也有力地推动了科学技术的进步。自17世纪以后,西方以科学理性为中心优势价值的文化教育体系开始形成,随着资本主义商品经济与殖民主义势力的发展,西方文化教育日益开始通过商品、军事、宗教等媒介向外传播。早在明末清初之际,西方传教士就来华,以传教的活动方式传播天主教和古典科学知识。康熙皇帝时,传教士径直出入于禁城之内乃至康熙的南书房和皇太子宫邸,为中国清朝统治者进讲西方数学、物理学、医学、地理学、天文学、机械制造等。尽管清王朝实行"海禁",阻挠西学在中国的传播,但它无法阻挠西方文化教育在以汉字为中心的文化圈周边国家与地区寻找和建立东西方文化的结合带,从而将中国文化边缘地区变成了西方文化边缘地区。尽管中国仍能保持帝国社会的专制统治和教育体系的封闭性,但客观上,中国文化边缘地区的丧失,潜伏着传统教育必然走向衰落的危机,同时也预示着中国封闭教育体系必然瓦解而走向世界。

其次,从历史结果来看,由于西方殖民主义文化政策的扩张,西学东渐既是一种文化传播现象,更是一种文化教育侵略行为。文化侵略是通过温和的教育模式移植进行的。正如朱利叶斯·K.尼雷尔《自力更生的教育》一文所云:"殖民政府所提供的教育……并不是为培养青年们为他们自己的国家服务而设计的;而只是希望把殖民社会的价值思想灌输给他们,并训练他们为殖民政府服务。"又如《学会生存——教育的昨天和明天》一书云:"无论现代经济的'爆炸'有多么重要,看来再没有比开拓殖民地的欧洲人在拉丁美洲、非洲和亚洲的辽阔地区在教育方面所留下的影响对世界所产生的后果更为严重的了。殖民统治者,无论是英国的、荷兰的、法国的、葡萄牙的或西班牙的,都把那种欧洲的教育模式原封不动地移植和扩散到世界上所有的国家。"①殖民主义的文化侵略,即将欧洲教育模式广泛地移植和扩散到世界所有的殖民地,它自然打破了原有多元性的以民族和国家或地区为相对独立范围的封闭性文化与教育体系,形成所谓"欧洲中心"所主导的殖民主义文化与教育体系。

世界新文化教育体系的形成,对东方文化教育体系产生了巨大的冲击。以汉字为中心的文化教育圈,其边缘地带首先为西方文化所蚕食,由此这一文化圈的中心与边缘关系随着西方文化与教育模式的移植而发生了本末倒置的变化,即边缘地区在传播和移植西学方面走在中国的前面,从而游离于以中国文化为中心的文化教育体系,成为西学中心的边缘地带。这不仅使中国文化的边缘地区丧失,而且这种依附于西学体系的边缘地区还借助于西学的力量反过来影响中国。如日本,自唐代开始仰慕中国文化,移植了中国教育制度并宗师儒学,但在18、19世纪,却日渐宗师西学,成为欧洲文化教育体系在亚洲移植的西化代表。在19世纪末,日本因受惠于西方科学技术,经济实力大大加强,居然成为亚洲的军事强国,跻身于帝国主义列强之中,对中国的武力侵略和掠夺,使得中国不得不屈辱地与之签订一系列丧权辱国的不平等条约。清朝政府在清末兴起的洋务运动和洋务教育,以及大规模的留学潮,其学习对象主要不是欧洲世界,而是作为欧洲中心的边缘地带日本。中国的第一个新学制即由张百熙拟定的《钦定学堂章程》(亦称壬寅学制)和1903年由张百熙、张之洞、荣庆重新拟定的《奏定学堂章程》(亦称癸卯学制),从内容到形式完全是抄袭日本的。中国教育体系由古代进入近代,由自我封闭而走向世界,乃是作为东方文化宗主国地位丧失的结果,也是长期自我封闭、夜郎自大、拒绝进入世界的历史回报。总之,中国近代教育的产生,是与中国被迫走向世界后的传统教育衰落紧密联系在一起的。

①《学会生存——教育的昨天和明天》,上海译文出版社1979年版,第171-180页。

第二节 西方教育的传播与移植

由于资本主义商品生产的扩大化和世界性结果,过去那种地方的和民族的自给自足的闭关自守状态,被各民族的各方面互相往来和相互依赖所代替了。物质生产如此,精神生产也是如此,各民族的精神产品成了公共的财产。鸦片战争后,中国开始被迫进入世界和接受各种不平等的世界关系,不仅在政治、经济、军事、外交方面受着屈辱,而且在文化和教育方面也不得不忍痛放弃或暂时割爱民族文化教育模式,或从局部、或从表层、或在形式、或在内容方面,被迫接受西学,自觉或不自觉地学习、模仿、移植西方教育模式。

纵观清末新教育发展史,大体上经历了萌芽、发生、发展、成形几个不同的历史时期。各个时期都有对旧教育的改造、对西方教育的移植和对新教育的创新任务。

一般说来,1862年京师同文馆的创办被视为新教育的萌芽。由此之后到清末,多称之为"洋务教育"时期。京师同文馆是中国近代第一所洋务学堂,它的创办意在为朝廷培养外交事务人才,质言之,乃出于国家政治需要。以京师同文馆为开端,经过近半个世纪的洋务教育运动,基本上完成了移植西方教育模式的过程,中国的新教育亦开始从古代教育躯壳中脱颖而出。

鸦片战争后,国门洞开,与外国交涉事件的渐增,需要语言交流。然而,旧学士大夫由于长期封闭耳目,不涉世务,故夜郎自大,自视清高,不习洋文。而洋人却热心学习中国语言文字,其中学得好的能读经史,对中国朝章宪典、吏治民情莫不了解。这样每遇中外交涉大事时,不得不依靠洋人"通事"。清朝大臣李鸿章深感中国外交人才的缺乏,以致本国外交事务操于外人之手的危害。他说:"洋务为国家怀远招携之要政,乃以枢纽付若辈之手,遂致彼己之不知,情伪之莫辨,操纵进退讫不得其要领,此非细故也。"因此,他作为洋务派的首领,积极建议朝廷开设培养外语人才的学校。1862年奕䜣等创办京师同文馆,在八旗子弟中挑选了10名学生学习外国语言文字。李鸿章认为此举"实为良法……尽得西人之要领而思所以驾驭之,绥靖边陲之原本实在于此"[①]。次年,李鸿章亲自在上海创办了非贵族性质的中国清末第二所洋务学堂,即上海广方言馆。其招生对象乃汉人子弟,名额40人。在学习内容方面,除外国语言文字外,还学习经史词章和算学。李鸿章以为:"西人制造尚象之法,皆从算学出,若不通算学,即精熟西文亦难施之实用。"[②]由语言文字到算学,作为洋务教育的课程内容,不仅在客观上引进了最基础的内容,而且也为后期洋务教育的开展铺平了道路。因为语言文学的学习,是引进和移植西学的必要条件,而算学的学习,则是了解和利用西方科技的前提。京师同文馆,于1863年又添设法、俄文馆,1867年又增设天文、算学馆。由此而后,各种洋务学堂相继诞生,西学中的各种自然科学知识和部分社会科学知识也相继在中国传播。

洋务教育运动时期,尤其在早期洋务派手里所创建的新型学校,主要有外国语学校、工业技术学校和军事学校。外国语学校较有代表性的有1862年建立的京师同文馆,1863年建立的上海广方言馆,1864年建立的广州同文馆等;工业学校有1865年建立的上海机器学堂,1866年建立的福建船政学堂,1866年建立的广东实学馆,1880年建立的天津电报学堂,1882年建立的上海电报学堂等;军事学校有1880年设立的天津水师学堂,1886年设立的天津武备学堂及广东陆师学堂,1887年建立的广东水师学堂,1893年设立的天津军医学堂等。这些洋务学堂,开设有西方现代学校普遍实施的基础学科,如外语、外国史、国际法、数学、物理、化学、机器制造、航海测算、天文、地质、矿务、军事,等等。

清末新教育的诞生,从世界广角看,客观上是世界性的文化革命思潮在中国的反映,它推动了中国传统教育的变革。

---

①《李文忠公全集》卷三《奏稿》。
②《中国近代学制史料》第一辑(上),第217页。

首先,洋务教育大胆地引进和传播了西方自然科学知识和世界新观念,打破了中国古代科举教育内容的狭隘性和自我封闭传统,使中国教育开始进入世界的新教育体系。其次,洋务教育以培养"富国强兵"的实用人才为目的,如外交、实业、军事等方面的人才,着实为清末社会中的新政治、新经济建设作出了贡献。如李鸿章创办的上海广方言馆培养的学生严良勋、席淦、汪凤藻、汪远焜、王文秀等人"于算法颇能通晓,即翻译汉洋文字亦皆明顺"[①],为清廷所录用;天津电报学堂1895年毕业的300名学生,乃是清末最早的一批电报人才;天津军医学堂毕业的学生先后派赴海军各营充当医官;天津水师学堂培养的210名毕业生,其中不少人在甲午中日战争中以身殉国。以西学培养实用人才,客观上冲击了传统科举教育的办学目的,动摇了以"四书""五经"为根本的传统教育基础,开启了近代中国新教育和新文化的先河。

早期洋务教育作为清代末期诞生的新教育,绝不是洋务派孤立倡导的,它从一开始就与世界性的资本主义文化革命相联系。这主要表现在两个方面:一是西方传教士积极参与洋务教育和大量翻译与传播西学;二是西方通过接纳中国留学生的方式,为中国培养了"新政治、新经济"所需要的人才。

西方传教士积极参与洋务教育的事例是不胜枚举的。仅以京师同文馆为例,该馆学生由1862年的10名到1887年增至110名,而教师(时称"教习")则多由西方传教士担任。按原来的设想,创设之初暂聘外国人,然后逐渐由中国人担任。但是由于课程扩充,大部分学科无中国人可讲授,因此不得不继续延聘外国人教习,中国人能教授的课程仅有国语和算学而已。同文馆不仅课程多由外国人教习,教学管理权也均握于洋人之手。如英文馆为英人包尔腾所领,法文馆曾为司默灵所领,俄文馆为柏林所领,德文馆为第图晋所领,东文馆为杉几太郎所领。同文馆的总教习,于1869年由丁韪良担任。丁韪良乃美国基督教传教士,1850

---

① 《筹办夷务始末》(同治期)卷五九。

年来中国。自从 1869 年担任同文馆总教习,至 1894 年止,先后在同文馆任职长达 25 年之久。京师同文馆且如此,其余洋务学堂更不待言。从客观上讲,西方传教士不仅帮助了中国洋务派的洋务教育,而且也代表西方资产阶级在中国推行了殖民主义文化政策,推进了世界资本主义国家的帝国主义势力与清王朝统治势力在文化与教育上的结合。

传教士不仅通过官方渠道控制着中国的新教育,而且也通过民间渠道建立和发展了教会学校。据 1877 年在华基督教传教大会的报告,从 1842 年至 1877 年,全国有基督教会学校共 350 所,学生 5975 人。天主教在中国办的学校较多。据记载,1852 年,江南地区就有耶稣会派所办的学校 8 所,学生 1260 人。通州大学校长狄考文在 1877 年第一届在华基督传教士大会上宣读的《基督教会与教育的关系》一文指出:"虽然教育作为教会一种非常重要的机构,但是它不是最重要的,它不能代替传教,传教无可争辩的乃是教会最重要的工作。"他强调开设高等教会学校,把科学作为学校的一门重要科目,但他指出:"如果科学不是作为宗教的盟友,它就会成为宗教最危险的敌人。"[①]1890 年,狄考文在中华教育会第二届大会上作了《什么是中国教会学校最好的课程》的报告,指出教会学校开设科学课程可以使教会学校毕业生更有能力,以至于可以控制中国社会向有利于殖民主义统治的方向发展,他说:"科学是基督教怀抱中培养出来的,是不能与基督教分离的。传教士走在哪里就把科学带到哪里。科学是基督教合法的子孙,有了它,可以使基督教在与异教作斗争中得到极大的好处……科学是善的力量,也是恶的力量,它的善恶是以教者与教的方法为转移的。如果教会是聪明的话,它应该抓住这个机会不让魔鬼在中国开动这个强大的机器。""如果我们要取儒学的地位而代之,我们就要准备好我们自己的人,用基督教和科学来教育他们,使他们能胜过中国的士大夫,因而能取得旧士大夫阶级所占的统治地位。"[②]

①《在华基督教传教士一八七七年大会记录》,1878 年上海英文版,第 171—180 页。
②《一八九〇年在华基督教传教士大会记录》,第 459 页。参看陈景磐编《中国近代教育史》,人民教育出版社 1979 年版,第 70 页。

很显然,西方传教士利用在中国举办教会学校的教育方式,既传播西方的科学和基督教,同时又移植了西方教会学校的教育模式,这对于动摇清末社会以儒家经典为主要教学内容的传统教育根基,无疑起了不可忽视的作用。至1902年,第四届中华教育会通过的潘慎文等人起草的《向外国教会请求派遣有训练的教育家来华工作的呼吁书》,公然宣称:"教育乃是传教最强有力的辅助手段……所以在中国的传教士一开始就努力在中国人民中间促进基督教教育,这种工作一直在逐渐发展着。到了现在,还有按西方的模式开办的75所,仅寄宿学校和学院就超过了100所,学生约5000人;同时,还有按西方的模式开办的75所政府办的学校,学生也有5000多人。这就可以马上看得出来,在这里我们已经获得了一个多么强有力的据点来推进基督教的发展。一个重要的事实是,几乎所有这种教育的实权都是操纵在男女基督教徒手中……现在中国的新教育制度实际上是在代表各教会团体的基督徒控制之下。这样,实际上就是使全人类大家庭中四分之一的青年都受了基督教教会控制。"①中国现代教育的诞生,虽然不是由西方传教士作为助产婆,但教会教育对中国现代教育的形成与发展的确起过多方面的客观作用。如基督教的传播,既有动摇中国青年信仰儒学的效果,又有为殖民主义统治培养在中国政治、文化、教育等意识形态代理人的意义。直至清末民初,西方传教士在中国举办的教会学校,始终是中国新教育体系的一个重要组成部分,它既为中国新教育的改造留下了包袱,也提供了一份历史遗产。

随着殖民主义势力在中国的扩张,从19世纪下半叶起,美国教会在中国掀起了大办教会学校的热潮。1868年,美国强迫清朝签订了《中美续增条约》,按条约第七条规定:"美国人可以在中国按约只准外国人居住的地方设立学堂。"从此,美国传教士在中国兴办教会学校成为顺理成章的事情。据有关资料统计,1898年,美国传教士在中国已拥有155个教会和849个分会,40027名中国教徒,1032所初等学校,学生16310人,

---

① 《教务杂志》(The Chinese Recorder),1902年12月。

74 所中等以上学校,学生 3819 人。^① 美国传教士还以美国的教育模式,结合中国传统教育的某些特点,举办了一些比较有名的高等教育机构。如 1864 年,美国长老会狄考文在山东登州开设文会馆,1866 年,英浸礼会在青州开设广德书院,后来两校合并为广文书院,设在山东潍县,至 1911 年发展为齐鲁大学。1871 年美圣公会主教文氏立学堂于湖北武昌,1891 年名为文华书院,以后发展为华中大学。1889 年美国传教士福开森在南京开设南京汇文书院,以后发展为南京金陵大学。1879 年,美国圣公会合并在上海的培雅各学堂(1865 年设)和广恩学堂(1866 年设),成立上海圣约翰书院,1894 年发展为圣约翰大学。1891 年,美国临理会传教士林乐知,在上海创办了中西书院,该会又于 1897 年在苏州设立中西书院,1901 年合并为东吴大学。1885 年,美国长老会在广州设立格致书院,以后发展为广东岭南大学。1888 年,美国以美会在北京设立汇文书院,1893 年公理会在通州设立潞河书院,于 1919 年两书院合并为北京燕京大学。除基督教各教派在中国纷纷开设各类教会学校外,天主教所开设的各级各类教会学校也很多。据有关资料统计,在 1878~1879 年,天主教教会在江南办有 435 所男校,学生 6222 人,213 所女校,学生 2791 人。至 1898 年,学生人数增至 16571 人。^② 1900 年前,仅华北四省(直隶、山西、山东、河南)开办中等学校 30 余所,学生 400 余人,初等学校约 500 所,学生逾万人。^③ 教会学校如此之多,不能不说对中国新教育制度具有一定程度的控制作用。正因为如此,以致在 1902 年的第四届中华教育会上,曾任上海南洋分学总教习的福开森说:"中国政府开设的每一个大的书院中,都有基督教传教士担任首长。"美国监理会传教士林乐知,在其 1894 年出版的《治安新策》中强调:中国办学校应"敦请英美等国之学部大臣,来华掌其事"。并主张把"在华各教堂中"所附设的"院塾"

---

① 李夫:《拳祸记》,引自《中国近代教育史教学参考史料》,人民出版社 1986 年版。
② 参看陈景磐《中国近代教育史》,第 75 页。
③ 李时岳:《近代中国反洋教运动》,参看陈学恂编《中国近代教育史教学参考资料》(上),人民教育出版社 1986 年版。

作为"新学"的基础,或者干脆把中国"各等新学"都交给在华的传教士来办理。

西方传教士除了在中国举办学校来影响或控制洋务教育外,还通过大量翻译出版西学著作和办报来传播西方文化,将西方教育内容渗透或移植到中国。1887年,英国传教士韦廉臣在上海创同文书会,1892年改为广学会,这是外国在华设立的最大的出版机构。广学会办有《万国公报》①,共出版了221期,至1907年停刊。《万国公报》"多记载泰西各国地理、历史及社会风俗等,我国人多读而喜之,每月销行至四千余册"②。该报纸不仅作为学校中的读物,而且在士大夫阶层亦颇有影响,对当时中国资产阶级改良派维新运动产生了极坏的作用。但是,不可否认,《万国公报》也大量地传播了西学知识,如近代数学、物理、化学、天文、地理、历史、公法等方面的知识。在洋务运动时期,西方传教士李提摩太在传播西学方面也非常卖力。由他翻译的《泰西新史揽要》(1894年出版),介绍了19世纪欧美的历史,对中国士阶层了解西方起过重要作用。西方传教士翻译或编译书中有些传播了西方自然科学和资产阶级思想,如林乐知编译并在1896年出版的《中东战纪本末》;汇辑了有关甲午战争一些触目惊心的报道,对于当时中国人冷静而客观地认识自己,促之猛醒是有帮助的。李提摩太与李鸿章、张之洞等人联系较密切,1890年李鸿章托他在天津主办《时报》,不久出版了他的《时事新论》,提出了他的"教民四策",即立报馆、译西书、建书院和增科目。尽管这些建议的本意在于推行西方传教士在中国全面移植和传播西方文化与教育的文化侵略政策,但在事实上这些建议为洋务派采纳之后,也推动了清朝统治集团士大夫阶层对西学的认识。同时,中国官方也组织西书翻译,如北京同文馆、上海江南制造总局翻译馆就翻译了不少西书。同文馆在三十年间共翻译

①陈景磐:《中国近代教育史》,第82页。
②并在1896年出版的《中东战纪本末》,汇辑了有关甲午战争一些《万国公报》是在1868年林乐知创办的《大同公报》基础上发展起来的,后林乐知任《万国公报》主笔。

西书两百余部,包括物理、化学、数学、天文、地理、外交、世界史和法典等。上海东南制造总局翻译馆,在英国传教士傅兰雅(John Fryer)主持下翻译了不少与军事、机器制造、工程建设等有关自然科学著作和实用技术图书。至1880年已译出了156种,到20世纪初已出版178种。该馆发行的《中西纪闻》,作为一种介绍外国时事政治的读物,影响也很大。此外,西方传教士和中国士人还以办报纸的方式为媒介,向中国传播了西学。

如果说,上述所介绍的只是西学在中国的传播,或者只是教育制度的移植的话,那么在教科书的采用和留学教育方面,对于深层次的移植西方文化和教育,有十分重要的作用。

中国传统教育所使用的教科书主要是儒家经典以及经学、历史、文字考据学著作与古典天文、数学、医学、地理学等知识,自然科学在儒学及中央官学中不占什么地位,军事教育内容也多是搏击骑射之艺和中国古代的兵家著作。加之科举考试对教学内容的限制,士人仅习八股者占绝大多数,因此连那些古典科学知识与兵家著作也常被称为“绝学”而被束之高阁。洋务教育时期,西学通过教科书比较系统地介绍和移植到中国文化土壤之中。如早期洋务派李鸿章创办的天津水师学堂、天津武备学堂等。这些军事性质的学校旨在“培植将材根基”,为改变过去旧武学教育内容,按照西方军事体制和教育体制更新课程。自魏源提出“师夷长技以制夷”的主张以来,到洋务教育时期,通过新学堂的课程设置来传授和移植西方科学技术,不仅成为人们的共识,而且付诸实践。如京师同文馆的教学内容,除英、法、俄、德、日等国语言文字外,自算学馆成立就开始将近代某些自然科学列入课程,有算学、化学、医学、生理、天文、物理等。除上述课程外,同文馆因西方传教士担任教习,他们多利用这种合法身份在授课时传播宗教知识。如担任25年同文馆总教习的丁韪良在其《同文馆记》中记述:“在我最初任教的教室里面,原先有份布告,订有规则禁条,禁止教授《圣经》。及我就任校长(总教习)以后,馆中提调就把它去了,教否一任我的自由。以同文馆的性质而论,正式讲授宗教本是不许的,但是我却常常和学生谈到宗教问题,并且要求别的教授,如教本中遇有关于宗教的课文时,尽可不改删去。"[1]他认为在教学中渗透宗教意识,通过它"影响了中国的高级官吏,又影响了中国的教育制度"。系统的课程学习,潜移默化的影响,把西方的各种学术、思想、意识等移植到中国文化土壤之中,而且随着殖民主义势力在中国的扩张和巩固,随着社会变革和资本主义因素的潜滋暗长,西学日渐在中国教育中取得统治地位,以致在 20 世纪初中国教育制度实现了从学制、课程、管理以及教育原则与方法等方面的"西化"。

留学教育是洋务运动的产儿,也是中国近代教育走向世界的关键一步。早期洋务运动以富国强兵为目的,采取了"师夷长技"的图强方针,希冀在军事技术、工业生产和科学教育等方面能摆脱洋人在华的控制。因此他们更期望在今后能有深得西学奥秘并在科学技术方面独当一面的人才,这些人才不仅为清朝使用,而且应当是本族本种的炎黄子孙。洋务派认为,西方科学技术必须为中国富国强兵所利用,但是,"中国欲取其长,此中奥妙,苟非遍览久习,则本源无由洞彻,而曲折无以自明"[2],所以必须选派"志趣远大、品质朴实"的聪颖子弟出国留学。同治十年七月(1871 年 9 月),洋务派代表曾国藩、李鸿章上奏清帝《奏选派幼童赴美肄业办理章程折》,建议选派幼童出洋留学。他们说:"……选聪颖幼童,送赴泰西各国书院,学习军政、船政、步算、制造诸学,约计十余年,业成而归,使西人擅长之技,中国皆能谙悉,然后可以渐图自强。……凡游学他邦得有长技者,归即延入书院,分科传授,精益求精。基于军政船政,直视为身心性命之学。今中国欲仿效其意,而精通其法,当此风气既开,似宜急选聪颖子弟,携往外国肄业,实力讲求,以抑副我皇上徐图日强之

---

[1]《中国出版史料补编》,参考陈学恂编《中国近代教育史教学参考资料》(上)。
[2] 舒新城编《中国近代教育史资料》(上),人民教育出版社 1961 年版,第 164 页。

论中国教育　**149**

至意。"①曾国藩、李鸿章均是清朝重臣,且曾国藩乃清末理学名儒,他们在此奏折中明确提出要将"军政、船政"之学,直视为"身心性命之学",这不仅在文化价值观上承认西学可以替代传统宋明理学或等同于传统的修身养性的"身心性命之学",而且他们志在使选派的留学生学成回国之后,即"延入书院","分科传授"。事实上他们意在通过留学教育的渠道来造就谙悉西方科学技术的师资,以图发展中国科技教育。在该奏折中,他们还指出,时人认为在中国上海、天津、广州等处设有轮船、枪炮、军火制造局,可以制造船、炮、军火;在京师设有同文馆,延西人教授,且有上海广方言馆等新学堂之设,似乎已有基绪,无须远涉重洋留学,这些观点虽亦有理,然而殊"不知设局制造、开馆教习,所以图振奋之基也。远适肄业,集思广益,所以收远大之效也"②。留学人员深入其境,遍览久习,洞彻本源,究明曲折,"诚得其法,归而触类引申,视今日所为孜孜以求者,不便扩充于无穷耶?"他们强调留学的必要性,并拟订了《挑选幼童赴美肄业章程》十二款,详细规定了赴美留学事宜,并在上海设立"出洋局",负责筹划出洋留学生选派事务。由此,揭开了中国由官方选派留学生出国留学的历史。

早期洋务派的留学教育,其规模与成效远不及后期洋务派。但是,它的意义是不可低估的。容闳在《西学东渐记》中指出,选派幼童出洋肄业,在中华是创始之举,古来未有之事。但客观上这不仅仅是一种文化交流行动,而且开辟了新教育的一个重要领域。

自1872年至1875年,中国政府每年选派30名经过严格考试合格的聪颖幼童留学美国,由陈兰彬、容闳为监督。四年间共选派留美学生120人,他们在外国学校里学习西学,亦在留学监督管理下,"随时课以中国文义"。按曾国藩、李鸿章所上奏折规定,留学生在美,"悉归委员管束,分门别类,务求学术精到,又有翻译教习,随时课以中国文义,俾识立身

①陈学恂编《中国近代教育史教学参考资料》(上),人民教育出版社1986年版,第112页。
②陈学恂编《中国近代教育史参考资料》(上),第113页。

大节,可冀成有用之材。虽未必皆为伟器,而人才既众,当有瑰异者出乎其中"。1877年,沈葆桢、李鸿章又讲求选派赴欧留学生。他们在《闽广学生出洋学习折》中建议在闽广前后学堂选派学生赴英法两国学习制造驾驶技术及推陈出新练兵制胜之理。选学英法两国,主要是英国水师操练布阵方面最精,法国制造技术最好。若不"观察考索,终难探制作之源",也无法推动兵舰制造与驾驶技艺的改进;若不学习最先进的军事技术,则不能了解敌人"布阵应放离合变化之奇"。李鸿章认为:"德国近年发奋为雄,其军政修明,船械精利,与英俄各邦并峙。"①而且陆军、步队亦各有精良治军之法。他派遣此七人在德学习陆军操练、迎敌、设伏、布阵、绘图各法,以便他们回国后传授。李鸿章等人认为,选派留学生出国留学,实为中国固本自强之法。因为西方科学技术在不断更新,西人在中国所传授者已是"初时旧式",等中国学会之后,已成故技,尽管孜孜以求仍步其后尘,但因中国制造业的落后,加之未得西学精奥,不能登堂入室,所以"随人作计终后人也"。要改变这种"随人作计"的被动局面,就必须深入外国,不仅学习技术,而且学习科学原理,学习西方的教育制度和学习风气。他在《奏选派幼童赴美肄业办理章程折》中指出:"西人学求实际,无论为士、为工、为兵,无不入塾读书,共明其理,习见其器,躬亲其事,各致其心思巧力,递相师授,期于月异而岁不同。中国欲其取代,一旦据图尽购其器,不惟力有未逮,且此中奥妙苟非遍览久习,则本源无由洞彻,而曲折无以自明。古人谓学齐语者,须引而置之庄岳之间。"虽然,早期洋务派把留学教育仅作为学习外国军事技术的一种手段,但它在客观上打破了中国古代社会传统教育的封闭性和狭隘的民族自傲心态,使中国教育对外主动开放,兼采百家之长,对加强对欧美教育的了解和选择起了一定的作用。

总之,早期洋务派创办的洋务教育,作为近代新教育的萌芽,是通过洋务派兴办的新学堂、开展留学教育以及在西方传教士大力推行文化教

---

① 《中国近代教育史教学参考资料》(上),第113—114页、第153页、第151页。

育侵略政策的配合下得以发展的。早期洋务教育虽然没有形成比较成熟的雏形,但它却为后期洋务教育的发展铺开了一条道路,因此它在教育史上有一定的地位。

第三节　新的教育制度的产生

1898年的"百日维新"运动夭折后,维新派的教育改革,诚如时人所云:"北京尘天粪地之中,所留一线光明,独有大学堂而已。"①以慈禧后党为核心的顽固派,对维新派的一切进步改革,尽力诛除。然而,有两个事实他们是无法除去和回避的,一是"民智已开,不可遏制"②,二是帝国主义列强对中国的侵略已使民族矛盾和阶级矛盾激化,清王朝面临土崩瓦解之势。内忧外患,民智日开,人心思变,清王朝再也不能按照旧方式来维持专制统治了。于是,在1901年1月29日(光绪二十六年十二月初十),清朝发布"变法"以求"新政"的诏令。要求各级官吏,"就现在情形,参酌中西政要,举凡朝章国故、吏治民生、学校科举、军政财政,当固当革,当省当并,或取诸人,或求诸己……各举所知,各抒己见"。献计献策,以求破锢习,求振作,"要归于强国利民而已"③。由张之洞、孙家鼐、荣庆等人实施的文教"新政"有:1901年6月,诏开经济特科;8月,诏废八股程式;9月,诏令各省设立学堂;1902年任张百熙为管学大臣,令切实办理京师大学堂,拟定学堂章程;1903年复命张百熙、张之洞、荣庆重拟《奏定学堂章程》,并予以颁布推行;1904年1月,改管学大臣为学务大臣,派孙家鼐充任,总管全国教育;1905年设立学部,作为管理全国教育事业的最高行政归学部;同年8月下诏废除科举,从学校选拔人才;等等。通过这一系列的改革,使始自隋朝以来实行的科举教育制度代之以具有现代教育意义的"新学制"。从此,中国古代教育制度在形式上完全结

---

①参看毛礼锐、沈灌群主编《中国教育通史》第四卷,山东教育出版社1988年版,第198-206页。
②朱有瓛:《中国近代学制史料》(下),华东师大出版社1983年版,第649页。
③梁启超:《戊戌政变记》。

束,新教育制度有了雏形。

从 1902 年的《钦定学堂章程》(壬寅学制)和 1903 年的《奏定学堂章程》,包括《京师大学堂章程》《考选入学章程》《高等学堂章程》《中等学堂章程》《小学堂章程》及《蒙学堂章程》等。其学制系统见下图。

壬寅学制系统图

年龄					学年
		大学院			
25~23		大学堂			20~18
22~20	仕学馆 师范馆	大学预科 高等学堂	高等实业学堂		17~15
19~16	师范学堂	中学堂	实业科	中等实业学堂	14~11
15~13		高等小学堂		简易实业学堂	10~8
12~10		寻常小学堂			7~5
9~6		蒙学堂			4~1

壬寅学制虽然正式颁布,但未实行。实质上它的意义在于沟通学校与科举,使新式学校教育与科举合而为一。它也注重国民教育、实业教育,但女子教育不受重视,学制没有反映女子教育的地位。特别突出的

是它把各级各类学堂毕业生与科举制度的出身,如附生、贡生、举人、进士等对等并列,反映了官本位传统的顽固存在。从现代教育与古代教育的本质区别来看,现代教育实行学历主义,毕业生水平高低与受教育程度是以学历、文凭作为标志的,所造就的人才主要从事社会生产而不是为了适应科举考试以求仕进。而科举出身则是进身之阶,是作为预备官吏的资格鉴定尺度。壬寅学制奉行的官本位价值标准,不仅反映了清朝统治者企望保持传统教育目标,而且也反映了他们对新教育的认识水平。所以,壬寅学制只是一种形式上的新学制。

癸卯学制是我国第一个比较完整的、经法令正式公布并在全国实行的学校系统。此即由张之洞等人拟定的《奏定学堂章程》,包括有《奏定初等小学堂章程》《奏定高等小学堂章程》《奏定中等学堂章程》《奏定大学堂章程》《奏定进士馆章程》《奏定译学馆章程》《奏定初级师范学堂章程》《奏定优级师范学堂章程》《奏定实业学堂章程》《奏定初等农工商实业学堂章程》《奏定实习补习普通学堂章程》《奏定实业教员讲习所章程》《奏定艺徒学堂章程》等。其学制系统见下图。

癸卯学制是一个比较全面而系统的学校教育系统,它包含普通教育、高等教育、职业教育、师范教育、学前教育等主要方面,重视职业教育和师范教育是它的主要特点和贡献。此外,自颁布后各级教育体制又作了部分修订和增减,其中比较重要的有:1907年颁布的《女子学堂章程》及《女子师范学堂章程》,使女子教育开始取得合法地位;在初等教育方面,将原规定小学五年制全科、四年制简易科、三年制简易科,一律改成四年制,改变了长期过于混乱的局面;在中等教育方面,于1909年开始"远采德国"学制,将中学堂分为文实两种,文科重经学,实科重工艺,但行之不久即废;另外在补习教育方面,1905年12月通令设立米日学堂、平民补习学堂,实行不拘年龄的免费教育;1909年11月颁布了《简易识字学塾章程》,它成为中国现代成人教育的开端;师范教育方面亦于1906年颁布了《学部订定优级师范选科简章》。

癸卯学制系统图

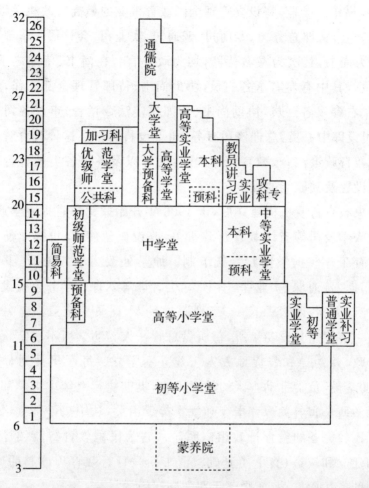

《奏定学堂章程》明文规定其办学宗旨:"无论何等学堂,均以忠孝为本,以中国经史之学为基。俾学生心术壹归于正,而后以西学瀹其知识,练其艺能,务期他成才,各适实用,以仰副国家造就通才、慎防流弊之意。"《学务纲要》亦指陈:"各学堂章程,以忠孝为敷教之本,以礼法为训俗之方,以练习艺能为致用治生之具。"1906 年学部成立后所颁布的教育宗旨为二类五条:第一类为"忠君""尊孔",第二类为"尚公""尚实"。这些都具体体现了"中体西用"思想和为维护清王朝专制统治服务的教育目的。

随着癸卯学制的颁布、实施，教育行政机构也相应得以改造和调整。1905年，撤销国子监，特设立管理全国教育事业的最高行政机关即学部。学部下分五司，即总务司、专门司、普通司、实业司、会计司。学部的最高长官称为尚书，其次为左右侍郎，均为政务官。在尚书、侍郎之下，设各项事务官，其中有左右丞各一员，协助尚书、侍郎管理全部工作，领导各司；设左右参议各一员，协助尚书、侍郎核定法令章程，审议各司重要事宜；各司设郎中一员，总理该司事务，司下设科若干。这种教育管理体制包括对教育政策法令、教育经费、教育视导以及各级各类教育行政管理部门的设置及其职能的规定。

中央教育行政机构建立后，于1906年开始撤销各省提督学政，撤销学务处或学校司等省级教育行政机关，改设提学使司，设提学使以统辖全省教育工作。提学使归督抚节制。原学处改为学务公所，下设总务课、专门课、普通课、实业课、图书课、会计课等六课。学务公所设议长一人、议绅四人、各课设课长一人、副课长一人、课员一至三人。另设省视学六人。各厅州县设劝学所，每所设总管一人。劝学所不仅掌管本厅州教育行政，并劝导和督促地方人士建立新学堂。每厅州县划分若干学区，设劝学员，负责推动本区的教育工作，贯彻执行上至中央学部下至厅州县劝学所长官有关教育指令和规章等。由此，从中央学部到区劝学所形成了比较完备的教育行政组织系统。它为民国教育行政领导与管理体制的建立和改造，打下了基础。清末新教育行政管理体制的产生，由新学制的产生而推动，亦服务于新学制实施的需要。

清末学制的建立和教育行政机构的变革，以及对课程内容的调整，使得西方现代教育制度在半封建半殖民地的社会、文化、政治、经济的状态下移植到了中国。尽管它是一种移植的产物，并且嫁接在清朝政治制度这棵即将枯死的老树上，但由于得到"中体西用"论倡导者的精心看护，所以这一教育制度尚能维持到清朝灭亡。

第九章　民国时期的教育

20世纪的中国,自1911年辛亥革命推翻清王朝统治以来,在上半个世纪的漫长岁月里,中华民族为了推翻封建主义、帝国主义和官僚资本主义三座大山的压迫,进行了艰苦卓绝的民族解放战争。围绕这一历史主题,民族矛盾和阶级矛盾交织在一起,整个民国时期的政治、经济、军事、文化与教育,总是处于历史动荡与变革之中。而这种动荡与变革的内在推动力和决定因素,乃是各阶级力量及其统治地位的消长与变换。由此推动了中国教育的发展,也为近现代大教育家的诞生创造了条件,并且日渐形成中华民族的教育由古代走向近代、由封闭走向开放、由单一化走向多元化的历史过程的时代特征,日渐形成了近代学校制度和教育思想流派的民族特色。

第一节　初期的教育改革

资产阶级发动的辛亥革命,是以西方资产阶级的革命理论为指导的,旨在推翻清王朝封建社会制度之后,在中国建立以西方民主政治为基础的共和国。教育制度作为国家政治制度的一个重要组成部分,必然亦要随着新政治制度的确立而进行重大的历史变革。诚然,这一历史变革运动的主体,其思想认识水平及对中国当时教育现状的改革措施,对于发动与组织这场教育改革的实际影响是很起主导作用的。

资产阶级革命派,其主要代表人物大都接受过西方文明的洗礼,其中不少人在欧美、日本等国受过现代教育,因此他们的教育改革主张和做法,更趋于世界化。在辛亥革命后,资产阶级革命派活跃于海内外,创办了《民报》《苏报》《中国女报》《新湖南》《湖北学生界》《浙江潮》等报纸近百种;邹容的《革命军》,陈天华的《警世钟》、《猛回头》,章太炎的《驳康有为论革命书》等,亦多影响海内外。在海内外,资产阶级革命派创办的学校,如东京青山军事学校、湖南明德学堂、福建侯官两等小学、芜湖安徽公学、浙江大通师范学堂、江苏丽泽学堂、上海爱国学社和爱国女学等,亦都是以培养革命骨干为任务的新式学校。当时的留学教育,为资产阶级革命派的成长与壮大创造了条件。在中国封建文化的土壤中,当时只能产生资产阶级改良思想,但在远离这块土壤之外的西方中心文化的边缘地区之日本,中国先进知识分子却形成了革命团体,产生了标志以"主义"的革命纲领和资产阶级政党学说。孙中山的"三民主义"深受美国"民享、民有、民治"思想影响。这一政治学说不仅是资产阶级革命派政治纲领精神之所在,而且也是其革命实践行动之指南。资产阶级革命派在教育领域的革命和改造,一方面是对封建专制主义教育进行无情的否定和批判,在中国近代史上从来没有像资产阶级革命派那样,将国家的积贫积弱根源揭示为封建专制主义的礼教和以忠孝为本的愚民政策。孙中山尖锐地指出:封建主义教育是一种养成人民"盲从之性"的奴化教育和愚民教育,劳动人民没有享受文化教育的权利,"同为社会之人,生于富贵之家,即能受教育;生于贫贱之家,即不能受教育。此不平等之甚也"。因此他要求铲除这种腐朽的不平等教育,建立以实现"三民主义"为宗旨的新教育制度。孙中山主张:"凡为社会之人,无论贫贱,皆可以入公共学校。"①通过普及教育,使天下之人"智者进焉,愚者止焉,偏才者专焉,全才者普焉",从而实现人尽其才,物尽其用,国家富强。另一方面,资产阶级革命派以其革命主张,积极从事于教育制度的改革,从而由"近采日本"进而推到"远法德国",使中国现代教育在迈入世界教育体系方面前进了一大步。

资产阶级革命派认为:"戊戌以来,科举虽变,学堂普兴,而所谓新教

①孙中山:《社会主义之派别及方法》。

育者,论其内容八股专家主持讲习,以格言语录为课本者有之,禁阅新书新报者有之,禁谈自由者有之。"①因此,"非有翻天倒海之气魄,佐之以快刀攻麻之手段,则不足以言教育"。② 辛亥革命后,临时政府尊奉孙中山"尽扫专制之流毒,确定共和,普利民生,以达革命之宗旨",对清末新教育进行了如下改革。

(一)召开国民教育改革会议,讨论和确立国民教育宗旨

1912 年 7 月,南京临时政府教育部在教育总长蔡元培的主持下,召开了教育改革会议。蔡元培在会上指出:"此次教育会议是全国教育改革的起点。"改革的任务是将君主时代的教育转变为国民教育,而确立国民教育宗旨是关系教育性质的转变之关键。这次会议,讨论并通过了新的教育宗旨,于 9 月 2 日由教育部颁布实行。这个新的教育宗旨是:"注重道德教育,以实利教育、军国民教育辅之,更以美感教育完成其道德。"它从精神和原则上,反映了蔡元培 1912 年 2 月发表的《对于教育方针之意见》的教育观点。所谓道德教育,实际上是以资产阶级自由、平等、博爱为内容的资产阶级公民道德教育,包括资产阶级的政治原则和道德思想。所谓实利主义教育,实际上是发展资本主义生产的知识技能教育,它"以人民生计为普通教育之中坚"。所谓军国民教育,即是以军事体育为基础的资产阶级国防教育。美感教育主要是陶冶情操、培养品德的艺术教育。这一教育宗旨反映了"三民主义"原则和资产阶级的利益与愿望,具有鲜明的反封建、反传统色彩。

(二)公布《普通教育暂行办法》和《普通教育暂行课程之标准》

《普通教育暂行办法》是南京临时政府于 1912 年 1 月 19 日颁布的第一个旨在改造封建教育的教育法令,共 14 条:1.从前各学堂,均改为学校;监督、堂长一律通称为校长;2.初等小学可以男女同校;3.凡各种教科书,务合于共和民国宗旨,一律禁用清学部颁行的教科书;4.一律

---

①参阅《哀江南》,《苏报》第一期。
②《论盎格鲁索格逊人种之教育并今日中国之教育方针》,《浙江潮》第三期。

废止小学读经科;5.注重小学手工科;6.高等小学以上体操科应注重兵式;7.中学校为普通教育,文实不分科;8.废止旧时奖励出身;9.中学校、初级师范学校,改为四年毕业;等等。《普通教育暂行课程之标准》于1912年1月19日由教育部颁布实行,它规定小学、中学和师范学校的课程及教学时数,对课程进行了改革。1912年8、9月,在推行新学制的同时,教育部先后颁布了《小学校令》《中学校令》《大学令》《师范教育令》,1913年8月颁布了《实业学校令》,对各级各类学校的目的、任务、课程设置、学校设备、入学条件、教员任用、经费及管理等都作了具体规定。这些教育法令的颁布执行,保证了教育改革计划的落实,推动了中国现代教育的发展。据民国元年年度(1912年8月至1913年7月)统计,全国大专院校(包括公立、私立)115所。其中大学4所,专科院校111所,大学生481人,专科院校学生39633人。中学(包括公立、私立)5000所,学生103045人。师范学校253所,学生28605人。职业学校425所,学生31736人。各省市小学幼稚园86318校(所),学生人数2795475人。① 而据清学部总务司编《宣统元年第三次教育统计图表》,宣统元年(1909)全国各级各类学校学生共有1626720人,还不及民国元年的小学生人数。这说明资产阶级革命派对普及教育和改革旧教育制度是有历史贡献的。

　　1912年9月的临时教育会议,讨论了学制改革,形成了一个新的学校系统,并附有9条说明,于当月公布,时称壬子学制。自新学制颁布实施至1913年8月,又陆续颁布了各种学校规程,使该学制不断得到补充和完善,形成了一个更加完整的系统,所以这个学制称为壬子癸丑学制,或称为1912—1913年学制(其图如下)。

----

　　①据陈学恂编《中国近代教育史教学参考资料》(下)统计数。

壬子癸丑学制图

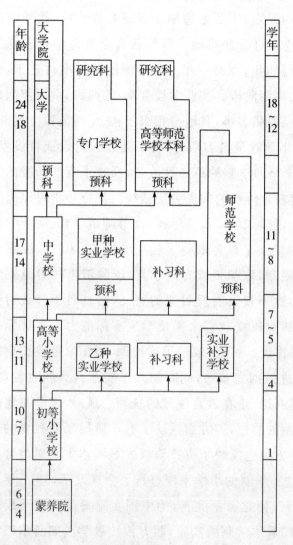

　　壬子癸丑学制分三段四级,有三个系统。第一阶段为初等教育。分两级:初小四年,为义务教育,毕业后可进入高等小学或乙等实业学校;高等小学三年,毕业后可入中学或师范学校、甲种实业学校。第二阶段为中等教育。设普通中学校,学期四年,毕业后可进入大学、专门学校或高等师范学校。第三阶段为高等教育。设大学本科三年或四年,预科三年;专科三年(医科四年),预科一年为限。高等教育向上是大学院,年限不限。这种三段四级的规定,主要是适用于普通教育系统,此外师范教育系统和实业教育系统亦可参照贯通。师范教育分师范学校和高等师范学校两级。师范本科四年,预科一年。高等师范学校本科三年,预科一年。地位相当于中、高两阶段。实业学校分甲、乙两种,学习年限均三年,分农业、工业、商业、商船各类,其地位相当于初、中两阶段。此外,还设有补习科、专修科、小学教员讲习所等,为上述各校附设或特设学科。这个学制首先是对清末癸卯学制的革命性改造,反映了资产阶级的利益与要求,反映了对封建教育传统的彻底否定精神。规定小学可以男女同校,除大学不设女校外,普通中学、师范学校、高等师范学校、实业学校都可以设立女校,由此中国女子教育取得了相应的地位。其次,废除教育上的封建特权和等级限制,取消贵族专门学堂,废除清末按等级赐给毕业生科举出身的规定,这不仅具有反封建的意义,而且对于打破封建教育的官本位价值观和树立以受教育水平及学生实际能力为客观标准的教育价值观,大有进步作用。再次,取消了读经课,对儒家经典长期统治学校课程内容的现象进行彻底革命,同时加强了实业科和职业教育,这从根本上否定了"中体西用"论在教育领域的统治。最后,该学制比原学制共缩短了三年。学制的缩短,一方面反映了有产阶层享受教育的机会和权利受到重视,另一方面也反映了资产阶级发展资本主义对教育改革的需求。1915 年,对这一学制的小学系统进行了一次改革,1917 年对大学系统进行了一次修订,使之有所完善,为中国实施资产阶级学校体系奠定了牢固的基础。随着本学制的实施,西方传统教学法如赫尔巴特教学法等相继介绍到中国,推动了中国教学法的改进。

　　1912 年 8 月南京临时政府成立教育部,取消清末学部建制。著名教育家蔡元培为第一任教育总长,总理全国教育。总长下设协助总长工作的次长。教育部下设三司一厅,即专门司、普通司、社会司和总务厅。各司设司长,总务厅设厅长,分理司厅事务。司下设科若干。1914 年又稍有变动。1917年,教育部颁布《教育厅暂行条例》,对旧地方教育行政管理机构组织系统进行了改革,其教育部与教育厅组织系统如下图

民国初年教育部组织系统表

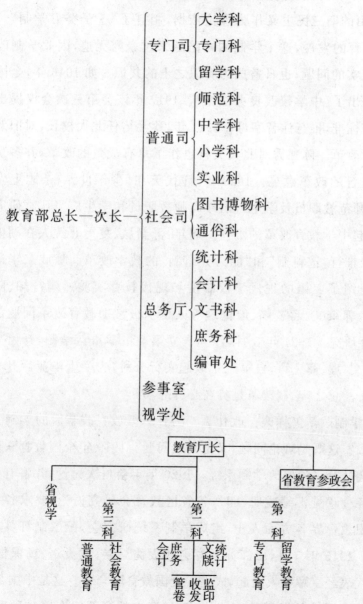

第二节　学制改革

　　辛亥革命后实行了学制改革,在资产阶级教育家蔡元培思想的影响下,以孙中山的旧三民主义作为理论依据,制订了"壬子癸丑学制"。随着社会与教育的发展,这个学制的缺陷越来越暴露无遗,因此学制改革日益成为现实的问题,也日益成为有识之士的共识。如1916年,全国教育联合会提出了《中学校改良办法案》。1917年该会第三次会议提出要求速定国语标准,推行注音字母。1917年,蔡元培任北大校长,对旧北大进行了重大改革。陈独秀对北大文科也作了卓有成效的改革,并多次发表讨论新教育的改革意见。1920年,恽代英在《少年世界》杂志上发表《敬告高等师范教职员及学生》,倡导高师教职员和学生应当认真研究教育,应当负起中学教育改革的责任。同年,舒新城、夏丏尊等人在湖南第一师范积极推行"选科制"和"能力分组制"的教学改革。杜威来华讲演时大量地介绍了美国的现代学校制度和现代教育实验。陶行知、陈鹤琴、晏阳初、郭秉文、蒋梦麟、廖世承等人也积极参加教育改革问题的讨论或试验性研究。1921年5月,江苏省立第一中学重订学制,开始采用选科制,分文、理、商三科,自第三年级起实行分科,为学生毕业后升学或就业作准备。总之,学制改革是势在必行的。

　　但是,学制改革怎样改?改什么?为什么要改?改革后的学制又应当侧重什么?这既是理论问题,又是实践问题。1919年全国教育联合会第五届年会开始讨论修改学制系统。1920年年会再次讨论,并将有关学制改革的各种意见汇编成册,印发各省区教育会研究讨论,要求各省区教育会组织教育界各方面人士,组成学制系统研究会,酝酿制订具体的改革方案。1915年5月,由江苏教育会代表沈恩孚、黄炎培、杨保恒,浙江教育会代表经亨颐等人发起,成立了全国教育联合会。这是中国20世纪初成立的全国性的民间教育团体,它与官方教育部门有着各种联系。

该会以"体察国内教育状况,适应世界趋势,讨论全国教育事宜,共同进行"为宗旨,在 20 年代前后,对推动我国教育改革和发展起过相当大的作用。与该会同时或稍后成立的有较大影响的民间教育团体,还有中华教育改进社和中华教育改进社。中华教育改进社于 1917 年 5 月 6 日成立于上海,该社由国内教育界、实业界的一些知名人士发起。梁启超、蔡元培、范源濂、王正廷、黄炎培、郭秉文、余日章等人均为最初的创始人,黄炎培为办事部主任。该会以宣传、推动、改进职业教育为目的,注重职业教育的试验,办有中华职业学校、中华职业补习学校、农村改进实验区、职业指导所等。中华教育改进社成立于 1921 年冬,它由实际教育调查社、新教育共进社、新教育编辑社合成。总社设在北京,下设 32 个专门委员会。陶行知担任主任干事。教育界名流范源濂、郭秉文、蔡元培为董事,美国杜威和孟禄为名誉董事。该社以调查教育实况,研究教育学术,谋求教育进步为宗旨。倾心于欧美教育,常派社员赴欧美等国考察。它主要宣传美国的实用主义教育思想以及道尔顿制等西方的新教学法,是推动 20 年代实用主义教育思潮的主要学术团体。客观上,全国教育联合会是一个极其松散的组织,它由各省教育会及特别行政区域教育会派代表三人组成,由于人事的变动等原因,不像中华职业教育社和中华教育改进社那样能倾力于从事教育改革与实验的实践性研究,只能通过年会活动召集各方面的教育专家从事某些重大教育问题的学术讨论而已。因此,脚踏实地的人才济济的中华职业教育社和中华教育改进社,就成了全国教育联合会的实际灵魂,学制改革自然受其思想指导。

1921 年 10 月,全国教育联合会召开第七届年会。这次年会在学术上充分体现了"五四"时期的科学与民主精神。参加会议的有 17 个省区的代表共 35 人,其中有广东、黑龙江、甘肃、奉天、云南、江西、浙江、湖南、山西、直隶等 11 个省区的代表,提交了 11 件学制系统改革的议案。这些议案大多是该省区教育界人士反复讨论的结果。如广东省成立了 70 余人组成的学制系统研究会,参加者除教育会的正副会长及全体评议员外,还邀请了小学以上的校长、教育理论家及教育行政人员,他们分成若干组对学制进行分段研究,再由小组代表联席会议讨论,制定学制草案,提交学制系统研究会全体会议通过,形成决议案后再提交到全国教育联合会。这是一种在当时极为时髦而认真的"民主"学术研究过程。摆脱政府的干扰,且在民主的基础上产生的研究成果,必然更接近于科学。大会收到各种提案后,经过认真的讨论、比较和审查,认为:"广东案较为完备,决议审查方法即以广东案为依据,参以其他各案比较审查。"①这样,以广东教育会所拟提案为根据,参照其他各案的优点,经过认真讨论审定,于 10 月 30 日通过了新的"学制系统草案"。为了进一步征求各方面的意见,大会要求各地组织讨论会,并请各报馆、各教育杂志发表草案全文,向全国征求意见,以便在来年的第八届年会上作出最后决定。

在以前,清末的两个学制系统的制定,都是"钦定"和"奏定",学者没有发言权。民国初的壬子癸丑学制系统的制定虽然由教育组织会议讨论确定,但亦不过是对外国的学制抄袭后稍加润色而已,所以根本谈不上"科学"与"民主"。这次的学制制定过程则大不相同,非但全国教育联合会共同公议,而且该草案在全国公布征询意见后,确实得到了各地教育界的积极反应,进行了认真讨论,并提出了许多有益改进的积极建议,如余家菊在《时事新报》上发表了《评教育联合会之学制改造案》(1921 年 12 月),充分肯定之余,提出要注意以儿童身心发展阶段作为划分学制的大体标准,要兼顾各方情形而采用富有弹性之方案。他不赞成小学由七年制改为六年制,以为六年制不足以达到完成国民生活上必须的知识技能训练的目的。1922 年 1 月,舒新城在《教育杂志》上发表《中学学制问

---

① 《第一届全国教育联合会纪略》,《教育杂志》第 11 卷第 1 号。

题》，认为中学学制太短，第一年课程与高小三年级重复，课程规定过于机械，主张中学应对"升学预备与职业教育双方兼顾"。陶行知在《新教育》上发表《我们对于新学制草案应持之态度》一文，指出："当这学制将改未改之时，我们应当用科学的方法、态度，考察社会个人需要能力和各种生活事业必不可少之基础准备，修正出一个适用的学制。至于外国的经验，如有适用的，采用它；如有不适用的，就回避它。本国以前的经验，如有适用的，就保存它；如不适用，就除掉它。去与取，只问适不适，不问新与旧。能如此，才能制成独创的学制——适合国情，适合个性，适合事业学问需求的学制。"1922年6月，《教育杂志》特辑"学制课程研究专号"，发表李石岑、黄炎培、庄启、俞子夷、舒新城、余家菊、吴研因、廖世承、周予同等人讨论课程、学制改革的文章共34篇。7月，中华教育改进社在济南举行第一届年会，这是实用主义教育流派在中国教育史上的一次盛会，参加会议的370余人，有教育名流和专家，极一时之盛，集中讨论教育改革问题，提供改革议案及有关调查报告共122件。这种空前未有的大讨论，一方面使全国教育联合会所采用的以广东省提供的美国"六三三制"为蓝本的新学制系统案在不足的地方得以完善，赋予其时代的精神和民族的创造力，另一方面也使实用主义教育思想与理论在中国教育领域全面展开，并与中国教育改革的具体实践结成有血有肉的有机体。因此，这次学制改革思潮，是一次地地道道的实用主义教育思潮，思潮的结果融于学制系统之中，实用主义的精神因此而在中国教育领域深深地扎下了根，并实实在在影响着中国现代教育的思想、理论、实践和制度的各个层面。

在学制改革的强大的社会舆论压力下，当时的教育部亦深感学制改革已是大势所趋，遂于是年9月在北京召开了全国学制改革会议。会议邀请了各省区教育代表、教育厅代表、国立高专以上学校校长以及当时社会教育名流，共78人。会议认真吸收了学制大讨论的许多积极建议，对全国教育联合会所提出的学制系统草案作了修改，交同年10月在济南召开的联合会第八届年会讨论。最后于 1922 年 11 月 1 日以大总统令公布了《学校系统改革案》。这就是 1922 年的"新学制",即俗称的"壬戌学制"。

这个新学制基本上采取了美国的"六三三制",但与前两个颁布实施的学制相比,不是照抄照搬,而是针对我国实际,在作了相当的调查、研究、讨论的基础上制定出来的。可以说,在我国教育史上,这个学制的诞生的全过程,是自始至终贯彻了"民主"与"科学"的精神,是"五四"运动以来教育改革的一个综合成果。该学制以下面七条标准为原则:①适应社会进化之需要;②发挥平民教育精神;③谋个性之发展;④注意国民经济力;⑤注意生活教育;⑥使教育易于普及;⑦多留各地方伸缩余地。这些既反映了实用主义教育原则,也反映了我国教育界对实用主义的合理吸收与利用。学制规定初小 4 年,高小 2 年,共 6 年的小学教育。初中 3 年,高中 3 年。师范学校和职业学校教育与中学平行。大学 4 至 6 年。学校系统总说明中指出,大致以儿童身心发达时期为依据,采取纵横活动主义,教育以儿童为中心,顾及学生个性及智能,高等和中等教育之编课采用选科制,初等教育之升级采用弹性制。附则还规定:①注重天才教育,得变通年限及教程,使优异之智能尽量发展;②对于精神上或身体上有缺陷者,应当施以相当的特别教育。同时,幼儿园学前教育也被列入教育系统。随着新学制的颁布实施,课程改革也随之开始。全国教育联合会为推动新学制课程改革,提议组织了新学制课程标准起草委员会。该委员会于 1922 年 10 月、12 月,1923 年 4 月共召开了三次会议,拟订了中小学课程标准及其学生毕业标准,经专家反复讨论,于 1923 年 6 月的最后一次会议确定了中小学课程标准纲要,同时刊布。

壬戌学制系统图

入学年龄

入学年龄			
24	不定	大学院	
22	高等教育 / 四年至六年	大学校	专门学校
18	中等教育 / 六年	师范学校 / 师范科 · 中学校（高级）· 职业科	高级职业 初级职业 学校
15		中学校（初级）	
12	初等教育 / 六年	小学校（高级）	
10		小学校（初级）	
6		幼稚园	

从 1922 年新学制产生的过程与结果看，它给了人们一个深层文化的启示。诚如余家菊在当时所言："此次新案之创制……可视为吾国民精神之觉悟。"①新学制是在"五四"新文化运动之后产生的，是"五四"运动的文化成果之一。中国是一个古老、文明的国家，传统文化既是一笔宝贵的遗产和财富，又是一个沉重的包袱和阻力。新教育的改革和改造，总是要与旧教育、旧文化作反复而艰苦的斗争，一两个回合是很难奏效的，其势其力太小亦不足以解决问题。正所谓："非有翻天倒海之气魄，佐之以快刀攻麻之手段，则不足以言教育。"文化革命要借助于政治革命的力量，但主要靠知识分子，特别是知识分子精英群体的攻坚力量的聚结和有效的作用。新文化运动以来的文化革命派如陈独秀、李大钊、鲁迅、蔡元培等及后起的蔡

---

① 余家菊：《评教育联合会之学制改造案》，《时事新报》1921 年 12 月 3 日。

和森、谭平山、毛泽东、周恩来、恽代英,等等,他们作为新文化运动前后的文化精英分子,在不同的文化领域以所向无敌的精神和运用不同的现代理论武器,为后来的文化建设和改造扫清了道路,从而使马克思主义和实用主义在中国文化与教育领域落地生根,使封建主义教育与文化从根本上发生了动摇。当然,马克思主义主要是无产阶级革命的学说,它没有促成一种新学制的产生是完全可以理解的,但是它却在客观上为新学制的诞生准备或创造了思想与文化环境。事实上,历史唯物主义者从来不否认一切进步文化的客观作用,但我们也应看到任何文化的产生和发生作用,必须与当时当地的客观条件与需要结合。实用主义教育之所以在20世纪20年代初的中国产生了如此强烈的效应,应当归功于当时的时势、文化氛围和客观需要,是它们为其创造了必要的条件。随着客观环境和条件的变化,实用主义教育思想和理论,在中国的影响和作用也就逐渐减退了。

1927年,蒋介石、汪精卫集团叛变了革命,改组了南京政府,进而控制了全国的政治、经济和文化教育的统治权,在全国建立起封建买办法西斯主义的新军阀独裁统治。1922年,新学制中的实用主义的合理因素,及它所赋有的民主与科学精神,受到了所谓"三民主义"的"党化教育"的压制,民主、自由的学术风气也开始为专制、武断的文化专制所替代。1927年8月,国民党政府教育行政委员会制定了《学校施行党化教育办法草案》,提出:"我们所谓党化教育就是在国民党指导下,把教育变成革命化和民众化,换句话说,我们的教育方针要建筑在国民党的根本政策之上。""这是党化教育的具体意义。"①党化教育实质上是独裁专制主义教育的代名词,这与新文化运动以来的民主教育大相背离,因此受到教育界进步力量的反对。1928年5月,大学院召开第一次全国教育会议,国民党又打出"三民主义"的招牌,提出以"三民主义教育"代替"党化教育"。1929年3月,国民党召开第三次全国代表大会,会上讨论了教育方针、政策,由中央宣传部提出了"教育方针及实施原案",正式提出"三

---

①《教育杂志》第19卷第8号《教育界消息》,1927年8月。

乃是从 1927 年秋收起义后的红军教育开始的。1927 年 11 月，毛泽东在井冈山砻市龙江书院旧址创办了红军的第一个教导队。次年又创办了红四军教导大队，并提出"办军校"的问题。毛泽东认为，红军是执行革命政治任务的武装集团，除打仗之外，还担负有"宣传群众，组织群众，武装群众，帮助群众建立革命政权以至于建立共产党的组织等项重大的任务"[①]。这种新型军队，必须要有全新的教育内容来培养和造就。在红军教育内容方面，毛泽东总结了红军建军以来的经验，对于教育内容、教育方法和教学原则等都作了详细而具体的规定。如教育的种类为"党内教育""士兵政治教育""青年士兵的特种教育"等，内容包括红军军事训练、政治训练、文化学习等。毛泽东曾明确指出："（一）各纵队政治部负责编制青年识字课本（以商务馆小学教材、平民千字课、龙严文化社教本等作参考）。（二）各个纵队内设立青年士兵学校一所，分为三班至四班，每个支队一班，直属队一班，每班学生不得超过二十五人。以政治部主任为校长，以宣传科长为教务主任。每班设一主任教员，每班以授足九十小时为一学期。（三）由公家出钱置备纸墨等用具发给学生。"[②]他主张在士兵中应当推广"识字运动"，认为提高士兵的文化是建设红军的重要措施，因为没有文化的军队是愚蠢的军队，而愚蠢的军队是不能战胜敌人的。为了有效地提高教学质量，毛泽东总结了十项教授法："1.启发式（废止注入式）；2.由近及远；3.由浅入深；4.说话通俗化；5.说话要明白；6.说话要有趣味；7.以姿势助说话；8.后次复习前次的概念；9.要提纲；10.干部班要用讨论式。"[③]由于毛泽东十分注重红军教育，所以红军官兵的政治觉悟和军事、文化素养迅速得以提高，成为党指挥下的革命武装，在几年的时间内开辟了以井冈山为中心的革命根据地，建立了苏维埃政权。

为了开展革命根据地的文化建设，毛泽东在主持中央苏维埃政权文

---

①《毛泽东选集》第一卷，人民出版社 1991 年版，第 86 页。
②《毛泽东选集》，东北书店 1948 年版，第 577 页。
③同上书，第 574 页。

教工作时,为苏区教育事业制定了文化教育总方针。这一总方针体现在毛泽东主持起草的《宪法大纲》中:"中国苏维埃政权以保证工农劳苦民众有受教育的权利为目的。在进行国内革命战争所能做到的范围内,应开始施行完全免费的普及教育,首先应在青年劳动群众中施行并保障青年劳动群众的一切权利,积极引导他们参加政治和文化的革命生活,以发展新的社会力量。"[①]1934 年 1 月,毛泽东在第二次全国工农兵苏维埃代表大会所作的报告中明确指出:"为着革命战争的胜利,为着苏维埃政权的巩固与发展,为着动员民众一切力量,加入于伟大的革命斗争,为着创造革命的新时代,苏维埃必须实行文化教育的改革,解除反动统治阶级所加在工农群众精神上的桎梏,而创造新的工农的苏维埃文化。"还指出:"苏维埃文化教育的总方针在什么地方呢? 在于以共产主义的精神来教育广大的劳苦民众,在于使文化教育为革命战争与阶级斗争服务,在于使教育与劳动联系起来,在于使广大中国民众成为享受文明幸福的人。"[②]苏维埃文化教育总方针,明确规定了教育目的、教育对象、教育内容、教育原则。其目的是动员和组织民众加入伟大的革命斗争,巩固和发展苏维埃政权;对象是广大的劳苦民众;内容是共产主义的精神;原则是为革命战争和阶级斗争服务,教育与劳动相联系。这些根本性的教育理论与实践问题,毛泽东均以明确的回答为新民主主义革命教育的性质、作用和方向作了正确规定。

在这次大会的报告中,毛泽东还指出:共产党领导下的教育与国民党统治下的教育有本质的区别。"国民党统治下一切文化教育机关,是操纵在地主资产阶级手里的。他们的教育政策,是一方面实行反动的武断宣传,以消灭被压迫阶级的革命思想,一方面实行愚民政策,将工农群众排除于教育之外。……使一切文化教育机关变成黑暗的地狱,这是国民党的教育政策。"而红色苏维埃领导下的教育,"一切文化教育机关,是

①《老解放区教育资料》(一),第 27 页。
②《毛泽东同志论教育工作》,人民教育出版社 1958 年版,第 15 页。

操在工农劳苦群众的手里,工农及其子女享受教育的优先权。苏维埃政府用一切方法提高工农的文化水平"①。毛泽东还指出,要吸收和利用旧知识分子为苏维埃文化建设服务,而不应排斥他们,认为这是苏维埃文化政策中不能忽视的一点。

在苏区建设问题上,毛泽东十分关心专门教育机构的建设。他在苏区开创时即指出:"苏区还缺乏完备的专门教育的建设。但为了革命斗争领导干部的创造,我们已设立了红军大学,苏维埃大学,马克思共产主义大学,及教育部领导下的许多教育干部学校。中等教育与专门教育应该跟着普通教育的发展而使之发展起来,无疑的应该成为教育计划中的一部分。"②苏区教育事业随着根据地的巩固和扩大而有所发展,它以战争环境中所能坚持的极其艰苦的条件和非正规化的方式,开展了群众扫盲教育、干部教育和不同程度的学校教育。尽管后来苏区建设事业受到王明"左"倾机会主义路线的干扰和破坏,但在抗日战争时期,毛泽东仍然根据新形势的需要,继续坚持了教育为工农群众服务、为革命战争服务和为党的政治中心任务服务的原则,始终把教育的正规化与非正规化、民众教育与干部教育、政治教育与业务教育、地方教育与军队教育等有机地结合在一起,有力地推动了无产阶级革命教育事业在革命根据地的发展。

1936年,以毛泽东为首的党中央及革命主力转移到陕北延安,从此开始了中国共产党领导下的抗日战争时期的新民主主义教育。1936年6月1日,著名的中国抗日红军大学在陕北瓦窑堡诞生,次年改名为中国人民抗日军政大学(简称抗大),校址迁至延安。毛泽东亲自担任抗大教育委员会主席,他为抗大制定了办学方针:"坚定不移的政治方向,艰苦奋斗的工作作风,加上机动灵活的战略战术。"1939年,毛泽东主持起草了《中共中央军事委员会关于整理抗大问题的指示》,进一步明确指出,抗大以及一切由知识分子所组成的军政学校及教导队的办学方针,应该

①《老解放区教育资料》(一),第18页。
②《毛泽东同志论教育工作》,第15页。

"把知识青年训练成为无产阶级的战士或同情者,把他们训练成为八路军的干部","学校一切工作都是为了转变学生的思想"。学校教育应根据青年学生的特点,"政治教育是中心的一环,课目不宜过多,阶级教育、党的教育与工作必须大大加强"。在毛泽东制定的办学方针指导下,延安的各类干部学校得到迅速发展,抗大的名望也越来越大。1939年5月26日,《解放日报》发表了毛泽东纪念抗大成立三周年的文章,指出:"抗大为什么全国闻名,在国外也有点名气?就是因为它同所有的抗日军事学校比起来,是最革命、最进步的,最能为民族解放和社会解放而斗争。""它教成了几万个青年有为的进步革命的学生。"①抗日军政大学是延安时期共产党人创办的八路军干部学校,也是抗日根据地的一所模范学校,它证明了毛泽东制定的教育方针的正确性。抗日战争时期,延安还办有陕北公学、鲁迅艺术学院、延安大学等全国闻名的新型大学,此外还有中共中央党校、华北联合大学、中国女子大学、泽东青年干部学校、中国医科大学、自然科学院、军事学院、民族学院等等,这些学校都贯彻了毛泽东制定的办学方针与党的教育政策,为中国无产阶级革命事业培养了千千万万的革命政治干部、文化教育专门人才和军事指挥人才等,这些人才不仅在抗日战争和解放战争中发挥了中坚作用,而且绝大多数人在新中国成立后的社会主义革命和建设事业中,也发挥了十分重要的作用。

在抗日战争时期,由于革命根据地的巩固和不断扩大,加上党中央有了毛泽东的正确领导,排除了各种错误思想的干扰,从而使得毛泽东能够集中精力从事一些重大的教育方针政策和教育理论问题的思考。在抗日战争时期,革命根据地的重大教育方针政策,几乎都是由毛泽东制定的,然后在延安和各抗日根据地政府贯彻落实,从而有力地推动了各抗日根据地的教育沿着正确的方向发展,并且始终掌握在中国共产党手里。

毛泽东对马克思主义教育学说的理论贡献是多方面的,他的突出贡献还在于将马克思主义教育学说的原理同中国革命教育实践相结合,精

①《毛泽东著作选读》甲种本,第150—151页。

辟而科学地阐述了新民主主义的文化教育纲领。1940年1月,毛泽东发表了《新民主主义论》。这部光辉著作,运用辩证唯物主义和历史唯物主义的观点,深刻地分析了中国的历史特点和世界革命的形势,总结了中国革命与世界革命的经验,揭示了无产阶级革命特别是半殖民地半封建国家人民革命运动的发展规律,系统地制定了党在新民主主义革命时期的政治、经济、文化与教育纲领。

在当时的旧中国占统治地位的文化,是殖民地、半殖民地、半封建的文化,而无产阶级的革命文化,由于革命根据地社会的范围有限,还没有占统治地位。旧文化是为旧政治、旧经济服务的,新文化是为新政治、新经济服务的。要革除中华民族旧文化中的反动成分,就必须革除中华民族的旧政治和旧经济;要建立中华民族的新文化,就必须建立中华民族的新政治和新经济。因此,文化革命必须以政治与经济革命为基础,并且与政治和经济革命紧密结合在一起,在反对帝国主义和封建主义的革命斗争中求其更新。

在毛泽东看来,"五四"新文化运动以后,中国的民主革命已由旧民主主义革命向新民主主义革命转化了。新民主主义革命必须由无产阶级来领导,新民主主义的文化与旧民主主义的文化有着本质的区别,不仅在服务对象上发生了变化,而且在文化的领导主体上也发生了变化。"所谓新民主主义的文化,一句话,就是无产阶级领导的人民大众的反帝反封建的文化。"[1]"这种文化,只能由无产阶级的文化思想即共产主义思想去领导,任何别的阶级的文化思想都是不能领导的。"[2]共产主义是无产阶级的整个思想体系,同时又是一种新社会制度。毛泽东指出,扩大共产主义思想的宣传,加强马克思列宁主义的学习,是相当必要的,这是引导中国革命取得新民主主义革命胜利并为将来过渡到社会主义阶段的保证。但是又必须把共产主义的思想体系和社会制度的宣传,同新民主主义的行动纲领的实践区别开来;把作为观察问题、研究学问、处理工

---

①②《毛泽东选集》第二卷,第698页。

作、训练干部的共产主义的理论和方法,同作为整个国民文化的新民主主义的方针区别开来。新民主主义的文化教育的行动纲领,具体说来,就是"民族的、科学的、大众的"。所谓民族的,包括两个基本方面,一是反对帝国主义的压迫和文化侵略,保持中华民族的尊严和独立;一是正确地批判吸收一切外国的东西,"把它分解为精华和糟粕两部分,然后排泄其糟粕,吸收其精华",既不可"全盘西化",又不可"生吞活剥"。① "中国共产主义者对马克思主义在中国的应用也是这样,必须将马克思主义的普遍真理和中国革命的具体实践完全地恰当地统一起来,就是说,和民族的特点相结合。"②所谓科学的,"它是反对一切封建思想和迷信思想,主张实事求是,主张客观真理,主张理论和实践一致的。"③所谓大众的,也是民主的。革命文化应当大众化、民主化,应该服务于工农兵,并拥有自己的军队和人民大众。"为达此目的,文字必须在一定条件下加以改革,言语必须接近民众,须知民众就是革命文化的无限丰富的源泉。"④

毛泽东阐述的新民主主义文化教育纲领,在新民主主义革命时期是具有实践指导作用的教育思想。综观各革命根据地的教育和文化政策,都是以此纲领为根本指导原则的。毛泽东本人对此纲领也一贯坚持,并在此精神的基础上,提出了知识分子必须与工农民众相结合的思想,提出了教育必须为现实的武装斗争和革命根据地建设服务的思想,提出了普及劳动民众政治与文化教育和教育必须与生产劳动相结合的思想,同时他还主张干部教育第一,要求通过广泛而持久的革命教育来造就革命干部。所有这些,无不表现了毛泽东新民主主义教育思想的民族性、革命性、实践性、创造性和科学性的特色和它的成熟。

总之,从马克思主义的传播,到马克思主义教育思潮的兴起,从早期马克思主义者对中国教育革命的理论探讨,到毛泽东新民主主义教育思

---

①同上书,第 707 页。
②《毛泽东选集》第二卷,第 698 页。③《毛泽东选集》第二卷,第 707 页。
④同上书,第 708 页。

想体系的成熟,这是中国现代教育史上的一场深刻变革。毛泽东教育思想的形成,是马克思主义教育思潮的胜利,也是中国现代教育发展的必然结果。自新文化运动树起民主和科学的旗帜以来,各种教育流派和各民主党派及长期占据统治地位的国民党政府,都曾推行过各种形式与内容的教育改革与实验,也曾在教育理论上有过这样或那样的建树,但在新民主主义革命结束后,先后被历史所淘汰,而毛泽东教育思想却始终保持着旺盛的生命力和创造力。这除了毛泽东教育思想是在革命实践中发展起来的,有着他所说的"新政治"和"新经济"作为基础外,还有它更深层的理论基础和思想根源的原因,因为它是建筑在马克思主义教育学说的基础上。毛泽东创造性地将马克思主义教育学说的基本原理同中国革命教育实践紧密地结合在一起,真正使"民主"与"科学"的内涵赋予了反帝反封建的彻底的革命精神,同时也注入了"民族的""大众的"活力。相反,以杜威实用主义作为教育改造的理论基础的实用主义教育思潮,尽管在 20 年代和 30 年代奔腾喧闹于国民党统治区,但是中国毕竟还是一个半殖民地半封建的农业国,它既没有雄厚的资本主义大工业作为实用主义教育的基础,也没有可靠的资产阶级政治制度的支撑,加之实用主义教育哲学不能科学地说明或解释中国新民主主义革命的特殊性,更不能给新文化运动提出的"科学"与"民主"赋予中华民族的文化活力,因此实用主义教育思潮在中国现代革命过程中日渐趋于消沉和衰竭。认识这些,将有助于我们对新中国初期教育思想的整体认识和把握,亦有助于我们对中国现代教育思想发展史的深入研究。

第十章　中华人民共和国时期的教育

1949 年 10 月 1 日,中华人民共和国宣告成立。由此,中华民族结束了近百年的半殖民地半封建的痛苦历史,掀开了民族独立、统一、团结和日益走向富强的新篇章,开始了社会主义改造和社会主义建设的新时代。

在中国共产党的领导下,中华人民共和国的教育,在 20 世纪下半个世纪里,无论是学校制度、教育政策与理论,还是教育实践,都发生了翻天覆地的历史巨变,初步形成了具有中国特色的社会主义教育体系。

中华人民共和国的教育历程,在近半个世纪里大体可以划分为两个历史时期:从 1949 年至 1978 年年底,为社会主义改造和建设时期;从 1978 年年底党的十一届三中全会以后,为社会主义现代化建设时期。在社会主义改造和建设时期的教育理论与实践,其指导思想是毛泽东教育思想;在社会主义现代化建设时期的指导思想,是邓小平建设有中国特色社会主义的教育理论。从历史的整体观察而言,无论是从社会主义改造到社会主义现代化建设,还是从毛泽东教育思想到邓小平建设有中国特色社会主义教育理论,它们之间都存在着不可割裂的内在的必然联系和历史的必然逻辑。正因为它们的继承与发展,才形成了中华人民共和国社会主义教育体系的时代特征和民族特色。

第一节　社会主义改造时期的知识分子政策

新中国成立初期,共和国的教育方针是在新民主主义教育方针基础上发展起来的。《共同纲领》明确地规定了新中国的文教政策。

《共同纲领》指出:"中华人民共和国的文化教育为新民主主义的,即民族的、科学的、大众的文化教育。人民政府的文化教育工作,应以提高人民文化水平,培养国家建设人才,肃清封建的、买办的、法西斯主义的思想,发展为人民服务的思想为主要任务。""中华人民共和国的教育方法为理论与实际一致。人民政府应有计划有步骤地改革旧的教育制度、教育内容和教学法。""有计划有步骤地实施普及教育,加强中等教育和高等教育,注重技术教育,加强劳动者的业余教育和在职干部教育,给青年知识分子和旧知识分子以革命的政治教育,以适应革命工作和国家建设工作的广泛需要。"

《共同纲领》中规定的新中国教育性质、任务、教育方法、教育改造的过程与步骤,体现了毛泽东关于文化建设与教育改造的基本思想,是毛泽东教育思想在这一历史转变时期的发展。为了恢复与发展人民教育事业,后来又在《共同纲领》的基础上,进一步明确建设新中国教育的基础与途径,即以老解放区新民主主义教育经验为基础,吸收旧教育有用经验,借助苏联教育经验。

新中国成立初期的教育改造,如对旧教育体制的变革和新教育制度的建立,对各级各类大、中专科学院的接管及后来的院系调整,各学科课程的改革,各类学校的考试制度及招生制度的改革,特别是对旧知识分子的改造与利用,都体现了《共同纲领》的文教政策。

社会主义改造时期,在经济领域的改造主要是指对生产关系的全面改造。但在上层意识形态领域,政治、道德、法律、文化、教育、思想等各方面的改造,却始终与毛泽东对中国社会主义革命的认识和党的中心工作重点定位紧密联系在一起。它表现的一个中心命题就是"阶级斗争"的长期存在性,因此在教育领域表现为教育必须紧密配合政治斗争的需要,为巩固无产阶级政权服务。在此前提下,对旧教育的全面改造,不仅包括对学校制度、学校管理、教育思想、课程与教材、教育方针、教育目的与任务等的改造,而且还包括对教师队伍的思想改造。

社会主义改造时期的教育改造,由于国际、国内环境的复杂性,国家经济基础的薄弱与生产力的落后,加之人们对社会主义社会性质、认识水平不高,以及教育过分依赖于政治权威的评判和屈从于政治斗争的需要,以致在改造时期走过不少的弯路,出现过几次大的失误和挫折。但总的说来,在社会主义改造时期,党和国家的教育方针政策,在规定教育性质、任务、目的方面,在指导对旧学校制度的全面改造方面,在推动我国各级各类教育事业的规模迅速发展方面,在开创穷国办大教育的历史局面等方面,都取得了举世瞩目的成就。

文化教育的改造,关键在于对知识分子的改造,而对知识分子的改造,又主要是思想改造。

新中国成立后的教育问题,首先是教师队伍建设。在贫穷落后的新中国初期,知识分子在工农商业生产中并不能发挥多大作用,他们主要从事政府部门的管理工作和文化教育工作。在当时,知识分子的主要成分是教师。而作为教师的知识分子,来自老解放区的却为数很有限,因此在大批吸收和利用旧知识分子的同时,必须对他们进行有计划、有步骤的改造。在1948年7月,中共中央提出,为争取和改造知识分子,要在解放区办各种抗大式的训练班,办军政大学、革命大学,开始大规模地培训知识分子。于是,随着解放区域不断发展,各地开办起革命大学,至1950年,这类革命大学几乎办到各省或行署以上单位。通过革命大学的思想教育与改造,转变知识分子的世界观,消除他们的旧思想,树立为人民服务的思想;消除他们的"恐美""崇美"思想,树立社会主义必然战胜资本主义的信念。对知识分子的教育与改造工作,主要是学校或依靠学校教育的方式进行的。1951年至1952年毛泽东积极支持和肯定大中学校开展的教师思想改造运动,鼓励知识分子,特别是大学教授,要在思想改造运动中开展批评与自我批评,同时还要求知识分子参加抗美援朝、土地革命、镇压反革命、三反、五反等实际革命活动,在伟大的社会改造运动中接受教育,转变立场,提高思想觉悟。1951年11月和12月,中共中央和教育部先后发出《关于在学校进行思想改造和组织清理工作的指示》《关于京、津高等学校教师思想改造学习运动进行情况和初步经验的通报》。在这两个重要文件的指导下,到1952年秋季运动结束,全国参加这次学习的高等学校教职员占91%,大学生占80%,中等学校教职员占

75％。这一思想改造运动从教育界扩展到文艺界、科技界以至整个知识界。

在社会主义改造时期,对知识分子的思想改造,作为对旧教育深刻改造的重要措施,自始至终在教育领域受到党和政府的重视。新中国成立初期的这种学习、教育、批评与自我批评的教育方式,如果说旨在团结和利用知识分子的话,那么它与教育的社会主义改造任务的完成,只能说是刚刚起步。为了达到全面而深刻地改造知识分子世界观并使之成为彻底的无产阶级知识分子这个目的,毛泽东认为必须把知识分子的思想改造作为一项长期而艰巨的任务,时时刻刻摆在全党面前,有计划、有步骤地对知识分子进行思想教育与思想改造,提高他们的理论水平,转变他们的世界观和政治立场,使他们成为新中国建设事业所需要的"人民的教育家和教师,人民的科学家、工程师、技师、医生、新闻工作者、著作家、文学家、艺术家和普通文化工作者"[①]。

在毛泽东看来,知识分子的思想改造,主要是抛弃资产阶级思想意识,树立无产阶级的世界观。因此,在1951年至1956年间,他亲自发动和领导了几次思想文化领域的马克思主义学习运动和对资产阶级思想的批判运动。

马克思主义学习运动,主要是要求知识分子,包括党员知识分子,必须学习马克思主义哲学,在提高广大知识分子理论水平的基础上,建设一支强大的理论队伍。马克思主义哲学的学习,旨在使知识分子的世界观受到一次普遍的马克思主义洗礼。在高校,绝大多数文科系、教研室,进一步加强了马克思主义理论的学习和研究,进一步认清了肃清唯心主义思想的必要性。

伴随马克思主义教育运动,先后开展了对电影《武训传》的批判。教育界联系对《武训传》的批判,还批判了民国时期各种教育流派代表人物的教育思想,如陶行知、陈鹤琴、晏阳初、胡适、梁漱溟等人的教育思想,

---

[①]《毛泽东选集》一卷本,《论联合政府》。

都被作为反动的唯心论予以无情的指责,实用主义教育大师杜威也遭到彻底否定。尽管这一时期的历史否定存在着过激性错误,甚至在今天看来有严重的错误,如对陶行知的批判和对胡适的批判,混淆了两类不同性质的矛盾,留下了不少后遗症,影响了继承和发展我国近现代丰富的教育思想遗产,但在当时,客观上起到了扫除传统思想和学派间的门户之见的影响,将人们对新中国的教育性质、任务、目的、理论基础、价值观等的思想认识统一到党和国家的教育政策上来,统一到毛泽东教育思想上来。这不仅为党和国家教育政策的贯彻落实,为毛泽东教育思想指导地位的确立创造了必要的条件,而且为后来的教育思想变革和教育为无产阶级政治服务作了必要的准备。

1956 年,生产资料所有制的社会主义改造基本完成,社会主义制度基本上建立起来了,革命时期的大规模的急风暴雨式的群众运动和阶级斗争已基本结束。党中央和毛泽东在党的第八次全国代表大会上决定,将社会主义改造转向社会主义经济建设上来,努力发展生产力,全力进行全面的社会主义建设,逐步满足人民日益增长的物质和文化的需要,在经济上和科学文化上,迅速赶上世界先进水平,尽快把我国建设成为一个伟大的社会主义强国。为此,党中央提出向科学进军,充分依靠知识分子的力量,繁荣我国的科学与文化。在这时,毛泽东提出"百花齐放,百家争鸣"的方针,鼓励文艺界、科学界和教育界敢想、敢说、敢闯、敢干。所有这些,都表明党和毛泽东对改造中国一穷二白的面貌,在很大程度上依赖于科技与教育的力量,也迫切期待中国知识分子发挥应有的作用。

党中央和毛泽东十分注重大力发展教育规模,因此,在这一时期的各级各类学校教育、成人教育、干部教育,无论是在发展规模上,还是在发展速度上,都是空前的。党和国家领导人为了切实推动学校教育事业的突飞猛进,毛泽东、刘少奇、周恩来等经常深入学校视察工作,并明确提出"教育必须为无产阶级政治服务,必须同生产劳动相结合"的教育方针。

然而，这些教育政策和教育方针的提出是一个方面，它的落实又是一个方面。在当时，中国的社会主义改造要顺利地过渡到社会主义建设上来，尚不具备国际国内的成熟条件。国际共产主义运动，由于苏联共产党第二十次代表大会公开揭露斯大林的错误，加之帝国主义掀起反共、反社会主义制度的浪潮，引起了极大的思想混乱。一些长期追随苏联的社会主义国家，亦先后发生了政变。这股浪潮迅速而持续地波及中国，它震撼了整个思想界，也给一些社会主义敌对势力制造了可乘之机。因此，在中国思想领域和政治领域里，对社会主义制度的怀疑与不满，对共产党领导的恶毒攻击也时有发生。在这种政治稳定压倒一切的特殊气候下，毛泽东不得不对社会各阶级的政治立场、态度进行认真分析，尤其是必须审慎看待思想活跃起来了的也正急需依赖却在此时躁动不安的知识分子队伍。要使这些知识分子真正成为一支可靠的社会主义建设力量，毛泽东认为他们还需要完成世界观的根本转变。他指出："世界观的转变是一个根本的转变，现在多数知识分子还不能说已经完成这个转变。"[①]学校的一切工作应当把转变教师和学生的世界观当作一件大事来抓。"在知识分子和青年学生中间，最近一个时期，思想政治工作减弱了，出现了一些偏向。在一些人的眼中，好像什么政治，什么祖国的前途，人类的理想，都没有关心的必要。好像马克思主义行时了一阵，现在不那么行时了。针对着这种情况，现在需要加强思想政治工作。不论是知识分子，还是青年学生，都应当努力学习。除了学习业务之外，在思想上要有所进步，政治上也要有所进步，这就需要学习马克思主义，学习时事政治。没有正确的政治观点，就等于没有灵魂。"[②]毛泽东的这些重要观点，给知识分子和青年学生的世界观改造提出了严肃的时代课题，客观上也给"教育必须为无产阶级政治服务"的教育工作方针作了重要的说明。

[①]毛泽东：《关于正确处理人民内部矛盾的问题》。
[②]毛泽东：《关于正确处理人民内部矛盾的问题》。

毛泽东提出,教育必须为无产阶级政治服务,必须同生产劳动相结合。"我们的教育方针,应该使受教育者在德育、智育、体育几方面都得到发展,成为有社会主义觉悟的有文化的劳动者"[①]。毛泽东提出的这一教育方针,作为党和国家教育事业的指导方针,对我国的教育理论与实践起了十分重要的指导作用。更严格地说,这一教育方针乃是我国社会主义改造和建设时期教育事业的根本指导方针,它所产生的历史作用是不可否定的。

教育是培养社会新生代的,新生代知识分子应该在德、智、体几方面都得到发展,成为社会主义建设者和革命的接班人,这一要求乃是社会发展的客观要求。社会制度的变革,生产资料所有制改造完成后的社会主义制度建设与完善,它不仅是单一发展生产力的问题,而且要求全体人民都要完成思想改造,工人需要思想改造,农民需要思想改造,知识分子也需要思想改造。毛泽东对中国知识分子,尤其是对新生代的青年学生是寄予厚望的,除了希望他们成为推动社会主义建设事业的教授、教员、科学家、新闻记者、文学家、艺术家和马克思主义理论家之外,他更期望新生代的知识分子要具有社会主义建设所急切需要的高水平的政治素质,成为又红又专的社会主义事业接班人,成为新中国坚实的政治基础。

毛泽东的这些思想,在实践中产生了指导性作用。它使各级各类学校建立了思想政治教育体制,加强了党对思想政治教育和学校的领导,思想政治教育在学校教育工作中占有十分重要的地位,政治课程在大、中学校受到应有的重视。

第二节　教育改革和革命

在社会主义建设时期,"教育改革"和"教育革命"往往在行动上的政策含义没有太大的区别,"改革"亦即"革命"的前奏,而"革命"乃是深化"改

---

①毛泽东:《关于正确处理人民内部矛盾的问题》。

革"的继续。一般说来,在50年代,人们所习惯使用的是比较温和的"教育改革",60年代至70年代,却习惯于使用比较激烈的"教育革命"。不论是"改革"还是"革命",其本义都是对现行教育制度、教学内容与教学方法、教育思想的批判、否定和改造,其宗旨是要建立起为无产阶级政治服务、适应中国社会主义改造与建设需要并具有中国特色的教育体系。

新中国成立初期的教育改革,主要任务是教育主权建设。它的具体措施有三。一是对原国民党统治区公立学校的接管,"废除反动课程,添设马列主义课程,逐步地改造其他课程"①。这类学校一律由中国人民解放军军事管制委员会接管,其政策是"维持现状,立即开学",凡在校供职的人员,照常供职,受人民解放军保护,不受侵犯。二是对接受外国津贴的学校进行接收。这一工作是从1950年10月12日接收辅仁大学开始的。同年12月,中央人民政府政务院对接受外国津贴的文化教育机构进行了专门的讨论,作出了《关于处理接受美国津贴的文化教育救济机关及宗教团体的方针的决定》,开始全面接收接受外国津贴的全部高等学校共12所。② 这一接收工作是由政务院授权教育部完成的。1951年1月16日,教育部在北京召开处理接受外国津贴的高等学校会议,重申中国不允许外国人在中国管理学校,肃清美帝国主义对中国的文化侵略,收回中国的教育主权,并确定了处理接受外国津贴学校的原则、办法和接收工作的政策、措施。与此同时,先后接管了受外国津贴的中等学校514所、初等学校1500余所,以及各种幼儿园、孤儿院、育婴堂、慈幼院等,全部收回了中国教育主权。三是对私立学校的接办。据不完全统计,1949年年底,全国有私立中学1467所,教职工3.4万余人,学生53.3万余人,占全国中等学校学生总数的26%;有私立小学8925所,教职工5.5万余人,学生160多万人,占全国小学生总数的3%。1952年9月,中共中央指示教育部将全国私立中小学全部接收后由人民政府改为公办。这项工作至1956年基本接办完毕。其中79所私立高等学院,在1952年

---

① 华北人民政府高等教育委员会《大学、专科学校文法学院各系课程暂行规定》,1949年10月13日。
② 参看《当代中国教育》,第34页。

进行院系调整中,已全部改为公立。

1957 年,教育改革开始。教育改革的原因包括社会原因、政治原因、教育体制方面的原因等是多方面的。但总体说来,主要是在全面学习苏联经验的过程中认识到,"苏化"的现行教育体制不能适应我国社会主义经济建设与文化发展的需要,改革的重点是纠正教条主义,按照教育规律办事,进一步完善我国社会主义教育制度。

1958 年 9 月,中共中央、国务院发布《关于教育工作的指示》,提出:"党的教育方针,是教育必须为无产阶级政治服务,教育与生产劳动相结合,为了实现这一方针,教育工作必须由党来领导。"要求在一切学校中进行马克思主义的思想政治教育,培养师生的阶级观点、群众观点和集体观点、劳动观点、辩证唯物主义观点;改革教条主义的教学方法,把生产劳动列为正式课程;采取统一性与多样性相结合、普及与提高相结合、全面规划与地方分权相结合的原则;实行国家办学与厂矿、企业、农村合作社办学并举,普通教育与职业(技术)教育并举,成人教育与儿童教育并举,全日制学校与半工半读、业余学校并举,学校教育与自学(包括函授学校、广播学校)并举,免费的教育与不免费的教育并举;实行三类办学体制,即第一类全日制学校,第二类半工半读学校,第三类各式各样的业余学校。

1958 年年底和 1959 年年初,中共中央强调要注重提高教学质量,集中力量办好一批重点学校。教育部部长杨秀峰提出,要调动一切积极因素,着重整顿巩固,提高教育质量,建立正常的教学秩序。这次教育革命,对于纠正学习苏联教育经验过程中的教条主义,按照中国的国情改革教育制度,实行多形式、多规格、多层次办学,发展职业技术教育,重视成人教育,把教育与生产劳动结合起来,起了积极作用。

1961 年至 1963 年,教育工作贯彻了中共中央提出的"调整、巩固、充实、提高"的方针,进行大规模的调整。调整的主要内容是缩短战线、压缩规模、合理布局和提高质量。调整的重点是教育革命中发展过速且不具备办学条件的高等学校和中等专业学校,同时坚持"两条腿走路"的方针,坚持改变国家对教育事业包得过多、统得过死的现状,适当发展成人教育和各种形式的业余教育。至 1963 年年底,全国普通高校已由 1960 年的 1289 所压缩到 407 所,在校生由 96.2 万人减少为 75 万人;中等专业学校由 1960 年的 6225 所压缩到 1355 所,在校生由 221.6 万人减少为 45.2 万人;普通中学由 1958 年的 2.8 万所压缩为 1.9 万余所,在校生由 1960 年的 167.5 万人减少为 123.5 万人。同时还安置了精简下来的教职工 43 万余人和裁并下来的中等以上学校的学生 45 万余人。经过专业调整,全国高等学校专业为 549 种、2527 个,比 1962 年减少了 191 种、982 个。尽管这次压缩、裁并的数量较大,但它仍然充分保留并巩固了"教育革命"发展起来的有价值的成果,调整了教育与经济发展的比例关系。

为了使教育调整促进中国教育事业的健康发展,在总结经验的基础上,制订了各级学校的管理条例。1961 年年初,中共中央和毛泽东指示中宣部、教育部党组开始制定《教育部直属高等学校暂行工作条例》(简称"高教 60 条")《全日制中学暂行工作条例》(简称"中学 50 条")和《全日制小学暂行工作条例》(简称"小学 40 条")。条例的制定和修改,是在邓小平直接领导下进行的,于 1961 年 9 月 14 日的中共中央书记处讨论会上通过,并得到毛泽东的核准。

第三节 教育改革与发展

新时期完成教育事业的整顿之后,突出的问题是改革与发展。围绕这一主题,党和国家制定了一系列新的教育政策,以全面推动我国教育事业适应经济建设和社会进步的需要。

教育改革与发展,是教育自身进步的需要,更是经济建设与社会进步的需要。如何满足这两方面的需要,是制订政策的基础和出发点。

首先,从教育自身进步的需要方面看,完善和发展前 17 年的教育模式,是以高等教育为龙头,但大专院校的布局、结构及其规模存在许多不合理的因素,课程设置、行政管理、招生及毕业生分配等都存在着不少问题。如单一化的国家办学体制与国民经济发展的比例失调,教育经费的严重不足,课程陈旧,学术研究与现实社会需要脱节,专科与专业比例失调,等等,都阻碍了学校自身的发展。中等教育方面,明显化的普通教育倾向,大面积地追求升学率,不仅造成学生学习负担过重,而且影响教育方针的贯彻,影响学生德智体的全面发展。成千上万的复读生重新回到学校,既增加了学校的压力,又造成了社会与家庭的包袱。普通小学教育也普遍存在片面追求升学率倾向,义务教育成了清一色的应试教育,这对于培养学生素质和提高办学效益,都起了极坏的影响。

其次,从经济建设和社会进步需要方面看,客观上所需要的掌握现代科学技术的合作劳动者,不能从学校毕业生中得到满足。此外,随着经济建设的发展,科学技术在生产领域的广泛应用,特别是新兴科学技术在生产部门的应用与研究,对科技人才的大量需求,都不能得到满足。相反,无论是高等教育,还是中等教育培养的人才,找不到自己的工作岗位,专业知识和学科设置多从学校自身的现有基础和条件考虑,严重脱离社会生产建设需要的现象愈演愈烈。这样无疑是对我们这样本来人才缺乏、教育经费有限的国家教育事业的极大浪费。

由于这些现实问题,教育改革势在必行。

党和国家在制定教育改革政策方面,坚持教育为经济建设服务的指导思想,坚持实事求是、稳定发展和逐步深入的原则。在80年代初主要是对教育结构的调整,这里包括中等教育结构的改革、高等教育结构的调整、大力发展成人教育和农村教育几个方面。

中等教育结构改革是1980年正式起步的。当年10月,国务院批准了教育部、劳动总局《关于中等教育结构改革的报告》,旨在按照两种教育制度的思想,解决中学毕业生就业难的问题。中等教育结构改革的要点是,从各地实际情况出发,调整和整顿普通中学,积极发展各类职业技术教育。至1984年,普通高中的数目和在校学生人数分别比1978年减少63.8%和55.6%,农业和职业中学迅速发展,学校已达7002所,在校生人数174.48万人。高中阶段职业技术教育大大加强,受职业技术教育的学生人数由1978年的7.6%提高到1984年的32.3%。由此,中等教育结构不合理状况有所改善,中学毕业生就业难的问题有了一定的缓解。

高等教育的改革,主要是采取分层次、多形式、有计划、按比例地发展的方针。1978年,教育部和国家计委决定普通高校可以招收走读生,增加高校招生名额。国务院批准教育部《关于高等学校扩大招生问题的意见》,确定高等学校在完成国家下达的招生计划后,可采用设立分校的办法,再扩大招收一部分新生。至1983年,全国普通高校由1977年的404所发展到805所,在校生人数也有明显的增长。

1983年4月28日,国务院批准教育部和国家计委《关于加快高等教育的报告》,提出"必须采取有力措施,促使整个高等教育事业在近期(五年左右)有计划按比例有一个较大的发展,并为今后更大的发展打下基础"。"要采取多种形式,开辟新的门路,调动各方面的积极性,继续贯彻'两条腿走路'的方针;要在扩大高等教育规模的过程中,根据国家四化建设的需要,调整改革高等教育内部结构,增加专科和短线专业的比重,要分层次规定不同的质量要求,同时抓紧重点学校和重点专业的建设;要把今后四五年的发展,加以统筹规划,全面安排,使招生人数持续上升,防止大起大落,造成困难和浪费。"在报告精神的推动下,高校发展迅速,1984年全国普通高校达902所,全国专科和本科共招生47.52万人,研究生招生达23万人,在校研究生达57万多人,这是前所未有的发展。

在大力发展高等学校教育的同时,成人教育也有了长足的发展。1981年1月13日,国务院批准教育部《关于高等教育自学考试试行办法的报告》,并决定先在北京、天津、上海三市试行。1983年5月3日,国务院批转了由教育部等四部委提出的《关于成立全国高等教育自学考试指导委员会的请示》。由此,全国高等教育自学考试在各地开展,29个省、自治区、直辖市成立了高等教育自学考试委员会,以个人自学、社会助学和国家考试相结合的高等教育自学考试制度逐步建立与完善。

由于推行各种形式的成人高等教育政策,各类成人高等学校、短期职业大学得以迅速发展。1984年,全国各种类型的成人高校已达1157所,其中广播电视大学29所、职工大学850所、农民大学4所、管理干部学校54

所、教育学院 218 所、独立函授学校 2 所。此外,还有 456 所普通高校举办了函授部、夜大学。各类成人高等学校本、专科招生 47.36 万人①。

在发展成人高等教育的同时,职工文化技术教育和干部专业教育也受到重视。1981 年 2 月 22 日,中共中央、国务院发布《关于加强职工教育工作的决定》,提出"对青壮年职工,争取在两三年内扫除文盲,并在1985 年以前,使现有文化程度不到初中毕业水平的职工 60%—80%达到初中毕业水平;使现有初中毕业文化程度的职工三分之一达到相当于高中或中专毕业的水平"。《决定》发布后,职工文化补课和技术补课的"双补"教育全面展开,到 1985 年基本完成上述规定的指标。1980 年 8 月,教育部、国家计委、财政部联合发出《关于高等学校、中等专业学校举办干部专修科和干部培训班暂行办法的通知》,各省、市、自治区及中央部门在高等学校相继举办干部专修班和培训班。1983 年 5 月 18 日,国务院批转教育部、国家计委、国家经委、劳动人事部和财政部《关于成立管理干部学院问题的请示》。当年成立管理干部学院 15 所。1985 年已发展到 102 所,在校学生 4 万人。从 1979 年到 1985 年,有 49 万余名干部大专毕业,29 万余名干部中专毕业,89 万余名干部参加文化学习,达到高、初中毕业水平。全国工、交、财贸系统轮训各级各类管理干部的人数,占同类干部总数的 69%。总之,成人教育的改革与发展,为扭转普通教育滞后于社会经济建设需求的局面起了重要作用,使教育服务于经济建设需要的方针政策得以有力地贯彻。

农村教育改革,主要是适应农村经济改革与发展的需要,以培养农村经济建设需求的各种技术人才与合格的劳动者。1983 年 5 月 6 日,中共中央国务院发出了《关于加强和改革农村学校教育若干问题的通知》,明确指出:"改革农村中等教育结构、发展职业技术教育,是振兴农村经济、加速农业现代化建设的一项战略措施。各地要根据本地区的实际需要与可能,统筹规划,有步骤地增加一批农业高中和其他职业学校。除

---

① 参见《当代中国教育》(上),当代中国出版社 1995 年版,第 127 页。

在普通高中中增设职业技术课、开办职业技术班,除把一部分普通高中改为农业中学或其他职业学校外,还要根据可能,新办一些各类职业学校。力争 1990 年,农村各类职业学校在校学生数达到或略超过普通高中。"《通知》的贯彻落实,有力地加快了农村职业技术教育的发展,促进了农村各类教育的有机结合,推动了农村教育与经济的紧密结合。

教育为经济建设服务的方针一旦确定和贯彻,经济建设的发展就不断地向教育改革与发展提出新的要求。1984 年中共中央发布了《关于经济体制改革的决定》,指出"科学技术和教育对国民经济的发展有极其重要的作用。随着经济体制的改革,科技体制和教育体制的改革越来越成为迫切需要解决的战略性任务"。于次年 5 月,中共中央发布了《关于教育体制改革的决定》。这一纲领性文件,指明了中国教育改革与发展的方向,提出了实现改革与发展目标的方针、政策,由此推动了中国新时期教育改革的全面展开。

《决定》指出:"教育必须为社会主义建设服务,社会主义建设必须依靠教育。社会主义现代化建设的宏伟任务,要求我们不但必须放手使用和努力提高现有的人才,而且必须极大地提高全党对教育工作的认识,面向现代化、面向世界、面向未来,为 90 年代以至下世纪初叶我国经济和社会的发展,大规模地准备新的能够坚持社会主义方向的各级各类合格人才。"强调指出,中央各级组织和政府必须真正解决重视教育的问题,把教育的战略重点地位落实到位。

《关于教育体制改革的决定》,对中国教育改革提出了许多重大改革政策和措施。在基础教育方面,为推动和加速九年义务教育的实施,提出了分三种类型地区、分步骤实施普九教育的政策。在管理上实行地方负责、分级管理,充分调动地方和各级政府办学的积极性,调动社会各界和广大民众捐资助学的积极性,逐步形成以政府投资为主、多渠道筹措教育经费的新格局。由于这一政策的落实,各地新建和改造中小学校舍的经济投入大大增加,出现了全国大办教育的热潮。

《决定》提出加快农村和城市教育综合改革的政策。农村教育综合改革的内容和目标,是在基础教育由地方负责、分级管理体制在农村取得明显成效的基础上,积极推动教育同当地经济、科技的密切结合,使县、乡两级政府把教育纳入当地经济、社会发展的整体规划,分级统筹管理基础教育、职业技术教育和成人教育;统筹规划经济、科技、教育的发展,促进"燎原计划"与"星火计划""丰收计划"的有机结合,落实科教兴农战略。城市教育综合改革的内容和目标,是使城市各级各类教育与城市经济、社会发展相适应,重点是中等以下各级各类教育,成人的继续教育和岗位培训,包括高中后的短期职业技术教育,重点解决初中以上教育结构,提高受教育者的政治与业务素质,增强地方政府的统筹决策权。

高等教育改革,主要有高等教育管理体制改革,扩大高校办学自主权;改革招生和毕业生分配制度,由原来由国家统一计划招生,实行国家任务计划与调节性计划相结合,变为国家任务计划、委托培养、自费三种形式的招生,变毕业生的统一分配为自主择业、用人单位择优录用"双向选择"分配制度;优化高等教育结构,削弱与经济建设相关不大的学科和专业,调整和发展应用文科、财经、政法和工科中的短线专业。高等教育改革实行之后,高等教育结构更趋于合理,缓解了社会经济建设对紧缺人才的需求。